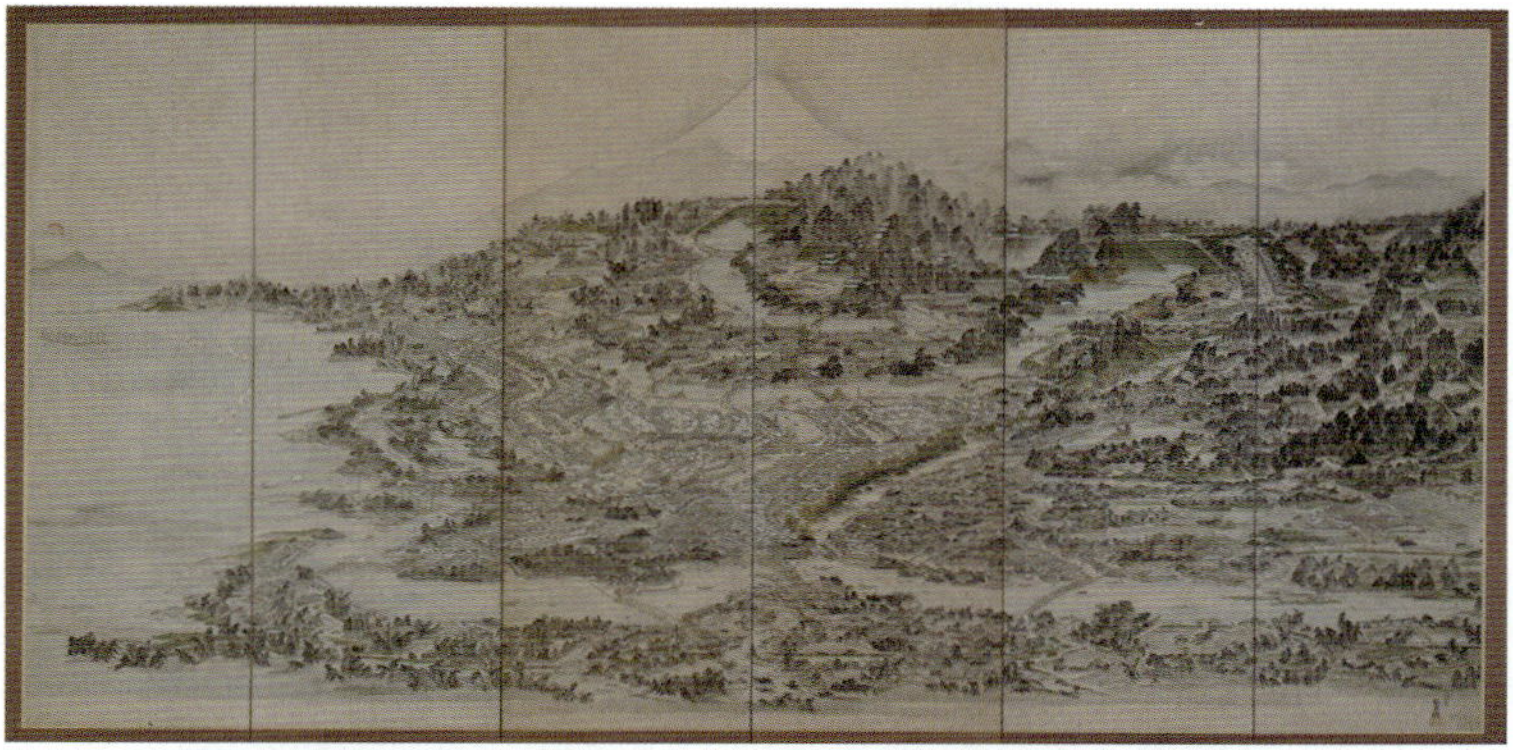

鍬形蕙斎「江戸一目図屏風」（1809年）津山郷土博物館蔵

勝川春湖「絵本栄家種」に描かれた寺子屋の風景
（1790年）国立国会図書館蔵

日本橋のたもとに設けられた高札場
「江戸図屏風」（17世紀）
国立歴史民俗博物館蔵

葛飾北斎『絵本東都遊』に描かれた「絵草紙店」（1802年）国立国会図書館蔵

東洲斎写楽「四代目松本幸四郎・山谷の肴屋五郎兵衛」（18世紀末）東京国立博物館蔵
（Image: TNM Image Archives）

小佐井道豪「北極中心世界地図」（1837年）神戸市立博物館蔵
（Photo: Kobe City Museum / DNPartcom）

江戸時代にみる「日本的コミュニケーション力」

グローバル時代に生かす「日本的感性」

市村 佑一

目次

はじめに　「温故知新《おんこちしん》」
――江戸時代の情報力に学ぶ

「春の始の御悦《おんよろこび》、貴方に向かって、まず祝い申し候ぬ。富貴万福《ふうきばんぷく》、猶もって幸甚々々」

正月用のこの文言ではじまる「庭訓往来《ていきんおうらい》」には一年十二ヶ月四季折々の往復書簡が掲載され、長い間一般の人たちの手紙の模範例文として親しまれ、子どもたちの手習いのテキストとしても重用されてきた。ここには中世以来の日本の伝統的な書式や衣食住など生活や一般常識に関わる用語が数多く登場、百科辞書的な意味合いも含まれている。パソコンやスマホを通じて瞬時に情報が到達する現代と違って江戸から上方まで一週間もかけて搬送される書状には発信する方も受信する方も一字一句に心がこもり、一通の手紙にかける意気込みは大変なものであった。その意味で土地を隔てた人々のいわば「双方向コミュニケーション」の原点ともいうべき「庭訓往来」は「通信」の意義を考えるうえで参考になる。

二百六十余年におよぶ江戸時代、人々は自らの力で情報力を編み出し組織的な行動力を営々として身につけてきた。支配階級である武士はもとより、農工業など生産力の向上と商品の流通力強化を背景に町人や農民など一般庶民も徐々に情報力を高めていた。

今からおよそ二百二十年前の寛政六年閏十一月十一日、蘭学の権威で医師の大槻玄沢《げんたく》（磐水《ばんすい》）は、この日が太陽暦の一月一日にあたるということで蘭学者たちを家に招いて新年を祝う会を催していた。「新元会」あるいは「オランダ正月」として知られるこの会は、蘭学関係者にとって欠かせない情報交換の場となっていく。時にはゲストも招かれ、この年の二年前、寛政四年（一七九二）ロシアから帰国したばかりの伊勢白子の船頭大黒屋光太夫もその一人であった。光太夫は江戸に廻米を航送中、荒天で千島方面に漂着、十年もの間ロシア全土を転々とし、ようやくエカテリーナ二世の許しを得てラクスマンに送られ帰国、江戸の薬草園に軟禁されていた。「鎖国」の時代、外国への渡航は厳しく禁止されており、唯一ヨーロッパの情報は長崎のオランダ商館からもたらされるものだっただけに、ペテルブルグをはじめヨーロッパの生活や、衣食住、慣習、言語などを見聞してきた彼の存在は極めて貴重であった。もちろん将軍徳川家斉や老中松平定信らが彼を引見したことはいうまでもない。書籍ではないナマの体験を持つこの人物の見聞談を「オランダ正月」に集う蘭学者たちは期待していたのである。後に彼の取材記録は蘭学者桂川甫周《ほしゅう》という優れた編集者によって「北槎聞略《ほくさぶんりゃく》」としてまとめられ、江戸時代を通じて最も貴重な海外資料となった。

周知のとおり江戸時代は「上意下達《じょういかたつ》」の時代である。将軍を頂点として幕府はもとより地方の各藩へ情報が下達されるシステムが構築されていた。もちろんその時々によって職制名称は変化するにせよ基本は変わらない。しかし「上意下達」される情報は基本的な事柄ではあるが情報量はわずかであり、多くの人たちは生活するうえでそれなりの必要な情報を自ら収集する必要があった。

例えば幕府と藩の関係でいえば、幕府からの指示を受け取る藩側の人物、すなわち「江戸留守居」と称する役職者はその象徴でもあった。彼らは江戸城に詰めるだけではなく受け取った指示をどう実施するかを考えねばならず、同規模の他藩がどう考えるのかを知る必要があった。いまでいう「横並び」の感覚である。「皆で渡れば怖く

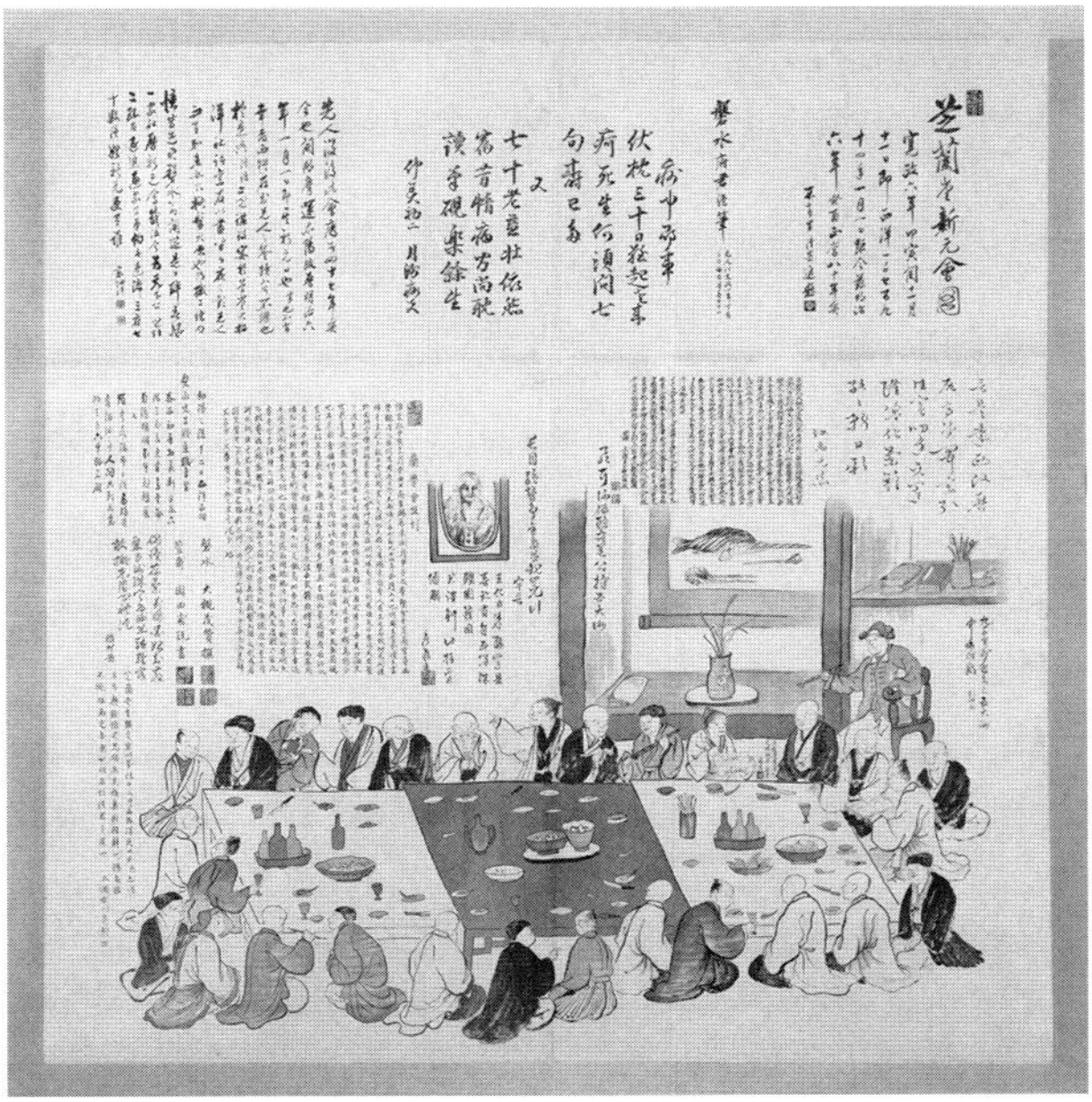

「芝蘭堂新元会図」東京国立博物館蔵（Image: TNM Image Archives）

ない」という意識のように、各藩が同じような立ち居振る舞いをするための情報収集が大切であった。同時代の経世家海保青陵《かいほせいりょう》は、「江戸の風向き」を知るために、各藩では「随分目ノ早ヒ、耳ノ早ヒ、心ノ早ヒ男ヲ撰ミテ、江戸ノ風ヲ見セテ、直ニ国元へ注進スル役」として「江戸留守居」を位置づけ、重要な情報源としての役割を果たさせていると指摘している。こうした「風見鶏」としての感覚は、やがて各藩が連合して横並びをする「談合」体質へと進んでいくこととなる。

一方、国力の源である農村では農業生産技術に関するノウハウの蓄積が進み、消費都市では食材や料理など食を中心に上方と江戸を軸に情報交換が活発化する。「旅行用心集」などといった旅に関するガイドブックやハンディーな地図など、レジャー志向のノウハウも多様な展開をみせていた。そのなかで情報伝達の手法にも磨きがかかり、当時最大のエンターテインメントであった歌舞伎の俳優たちや各地の風景を画題とした浮世絵版画が、歌麿・北斎・広重などの絵師や摺師、さらにはメディア・プロデューサーの蔦屋重三郎たちの意欲で日本独自の優れた映像表現技法としての新しい境地を拓いていた。これらが後にゴッホやモネなどヨーロッパの印象派絵画に大きな影響を与えたことはよく知られているが、今日海外で評価の高い日本の漫画やアニメなどにもこうした伝統が生かされているといえよう。

海外情報については、「鎖国」の時代ゆえに長崎経由の阿蘭陀情報を精緻に解析することに専念でき、「受信力」が急速に上昇した時代となった。好奇心旺盛で応用力のある人々は、知識欲を満たすだけでなく正しい判断力を養うために正確で信頼できる情報を求めていた。五街道や河川など情報流通路である交通網の整備によって飛脚（キャリヤー）などによる通信インフラは急速に進み、庶民の情報はまさに「くもの巣」（ウエッブ）のごとく日本全国に張り巡らされていった。そこで搬送される多様なコンテンツは、出版業などの印刷系メディアを中心に人々のニーズにあわせて次々と創出され、全国均一のレベルを維持する意味でさまざまな「スタンダード・モデル」が用意されていた。冒頭に述べた「庭訓往来」もそのひとつで、ビジュアルな画図も挿入され寺子屋をはじめとする教育の場で有効活用されていったのである。このように江戸時代における多様なコンテンツの生産と情報流通のシステム化、すなわち情報インフラの整備が日本の近代化を可能にしたのであった。

二十一世紀に入り、通信技術面でのデジタル化が急速に進展しインターネットやモバイル（移動体）が急速に発展、政治や経済活動にも大きな影響を与えつつある。スマートホンに代表されるようにまさに小さな「手のひら空間」の中で人々は世界の情報を入手し、不特定多数に発信していく時代となった。しかし情報の中身に関わるのは我々人間であり、「感性」や「コミュニケーション力」は大きく変わるものではない。同時に国際化が進展する中で日本人の「感性」や「コミュニケーション力」が江戸時代以降どのように育まれ連綿と続いてきたのか、若い人達にもぜひ一度想いを致す機会となればと念願しつつ、以下、現代社会との関わりの中で今に伝わる江戸時代の「コミュニケーション力」について多様な観点から検討してみたい。

参考　『庭訓往来』（石川松太郎校注　東洋文庫二四二　平凡社　一九七三年）

笠谷和比古『江戸御留守居役　近世の外交官』（吉川弘文館　二〇〇〇年）

本稿は月刊誌『情報通信ジャーナル』（財団法人電気通信振興会発行）の二〇〇五年一月号に掲載したもので、以下の項目の多くは二〇〇五年四月から二〇〇八年三月まで同誌に「おもしろ発見！江戸の情報学」として連載したものを中心にまとめたものである。多様なテーマは拙著『江戸の情報力』（二〇〇四年　講談社刊）を出発点として構成、現代との関わりの中で身近で多様な観点から項目をまとめたものである。限られた紙数の中で云いつくせない点も多く、既知の事柄も多いことと思われるが、日本人の「情報感覚」を考える手がかりとして江戸時代の人々の「情報」への関わり方を、内容は短く断片的ではあるが、江戸時代から現代日本への流れをコラージュしながら、「日本人のコミュニケーション力」とは何か、何であったのかを考える糸口となればと思っている。江戸時代から明治という時代に入って既に百五十年、とりわけこの二十年、モバイルを中心とする機器の進展は目覚ましくSNS、ラインやメール、ツイートなどコミュニケーションのスタイルは文章も含め激変している。本稿が若い皆さんに「日本人のコミュニケーション力」とは何かについて興味と関心を抱くきっかけとなり、国際化の時代に生きる一助となってくれれば幸いである。

今回、雑誌連載分に新たな項目を加え五十六項目とし、当時のものはできる限り原文のまましたが、すでに十数年を経過しているものもあり、ネット社会が急速に進展している現状に鑑み一部実態にそぐわなくなった部分や年号、年数などは補筆修正した。

なお、新たに本稿全体の「まとめ」として「江戸時代にみる日本的コミュニケーション力」を末尾に付記した。

Ⅰ

「ビジュアル」コミュニケーション

～「イメージ」を高める～

亀戸梅屋舗《かめいどうめやしき》
――ゴッホを捉えた広重「名所江戸百景」

東京の下町、ＪＲ総武線錦糸町駅から北に十分ほど歩いたところに梅の名所として知られる亀戸天神がある。今から百六十年ほど前、「東海道五拾三次」や「木曾街道六拾九次」などの優れた風景画を生んだ浮世絵師の歌川広重がこの地を描いたのが「亀戸梅屋舗《かめいどうめやしき》」の図である。「東の大宰府」とも称される亀戸天神は春先の梅と初夏の藤の花が有名であるが、その近くにかつて「清香庵」という梅屋舗があり、「臥龍梅」と呼ばれる根元の太い梅の木が有名であった。江戸の日常生活を春夏秋冬、美しい自然の移り変わりのなかでしっかりとしたデッサンと配色によって描いていた広重は「名所江戸百景」の一つとして、この梅の木を画面手前に配して印象深い画を描いたのであった。

四季折々の自然の姿を愛でる心は江戸時代も今も変わらない。当時の人々は身近なところで花鳥風月、雪月花を求めて楽しんでいたに違いない。そうした人々への情報提供に大きな役割を果たしていたのが浮世絵版画であった。木版書籍とならんで大量にコピーが可能な浮世絵版画はもっともカラフルな映像メディアでもあった。

浮世絵は共同作業による賜物である。絵師が描いた版下にそって小刀と「のみ」を使って版木に画を彫り、絵師の「色分け」にしたがって彫師は色板を制作、二十回近い色摺りによって作品が完成する。摺師の使うバレンをはじめ絵具や用紙には細心の注意が払われ、濃い色から薄い色に少しずつ薄めていく「ぼかし摺り」や、雲母を使用して銀のような効果をもたらす「雲母摺《きらずり》」、版木に布を貼り、その布目を紙に写しとる「布目摺《ぬのめずり》」、紙に無色の凹凸をつける「空摺《からずり》」などさまざまな技法が駆使される。こうした伝統技術が次第に失われていくなかで、近年、東京伝統木版画工芸協会が中心となって東京都江戸東京博物館所蔵の「名所江戸百景」（初摺）百二十図をもとに復刻作業が行われたことはうれしい限りである。

歌川広重「名所江戸百景　亀戸梅屋舗」
山口県立萩美術館・浦上記念館蔵

「名所江戸百景」には、画面いっぱいの雨脚が印象に残る隅田川の「大はしあたけの夕立」の図をはじめ、「霞がせき」の凧揚げや「水道橋駿河台」の鯉のぼり、「堀切の花菖蒲」「下谷広小路」の賑わい、「深川木場」の雪景色など江戸の日常風景が描かれている。一八八七年、ヨーロッパ印象派の画家ゴッホはパリで「亀戸梅屋舗」の梅の木と人々の輪郭線をペンと鉛筆で見事にトレースし、これをもとに彼は「亀戸梅屋舗」の模写（油絵）を行った。オランダ・アムステルダムのファン・ゴッホ美術館に今も残るその作品にはたどたどしい漢字も書き添えられ、ゴッホの驚きが溢れている。彼のみならず同時代の画家たちはヨーロッパにはない新しい手法の数々に驚嘆したに違いない。

「大はしあたけの夕立」に描かれた橋の上を慌てて走り去る人々の姿をはじめ、「東海道五十三次」の「宮」では俄馬を走らせる人々、「四日市」では風に飛ばされた菅笠を追いかける人々、「庄野」ではにわか雨の中を走り去る蓑を着た菅笠男の姿など生き生きとした庶民の姿が描き出されており、当時の絵師たちの想いが今に伝わってくる。

そこには豪雨の音や走る男の足音、波の音など画像を見ることで音声まで想起させる江戸人の豊かな感性が満ち満ちており、巧みな構図、色彩感覚によって文字情報にはない独自の感性情報が醸し出されていた。こうした日本人特有の美意識を海外や今日にまで伝達し得たのは絵師を中心とする制作集団の組織力による「美的複製技術力」の成果であった。

参考　東京伝統木版画工芸協会『浮世絵「名所江戸百景」復刻物語』（二〇〇三年）

より高い視点を目指して

——鍬形蕙斎《くわがたけいさい》・「バーズ・アイ（鳥瞰図）」の世界

江戸時代は「ビジュアル・コミュニケーション」の時代である。浮世絵版画にみられるようにカラフルで明快な画像処理を得意とし、「大首絵」と称される歌舞伎役者の顔面中心のクローズアップや柳の木などを手前に配置した「越し」の構図など多様なショットやアングルが続々と誕生している。そうしたなかで高いところから地域を立体的に捉える「俯瞰」いわゆる「バーズ・アイ（鳥瞰）」の技法は、一瞬のうちに視覚的に状況を理解させるのに極めて効果的な伝達手法であった。ドローンによる空撮はまさにそうした気持ちを取り込んだものである。

この鳥瞰図の世界を切り拓いたのが浮世絵師・鍬形蕙斎《くわがたけいさい》（一七六四〜一八二四）である。彼はもともと北尾政美《まさよし》と名乗り黄表紙などのイラストなども受け持つ売れっ子浮世絵師で、とりわけ人物の動きを的確かつ簡潔に表現する能力に優れ、北斎漫画の先駆けともなった「人物略画式」をはじめ「近世職人尽《しょくにんづくし》絵《え》詞《ことば》」「鳥獣略画式」などで独自の世界を創りあげていた。その彼が津山藩（岡山県北部）のお抱え絵師となった後、描いたのが「江戸一目図屏風」（一八〇九〈文化六〉年）である（口絵参照）。江戸の姿が一目で概観できるよう肉筆で描かれたこの屏風は縦一七六cm、横三五三cm、本来高いところからは見えないはずの道行く人々の姿などが精緻に描かれ、ただただ驚くばかりである。木版刷りの「江戸一目図」もあるが、いずれも遠く富士山を望む美しい自然環境のなかにすっぽりと収まった江戸の町並みが隅田川東岸の上空数千メートルの高さから捉えられ、名所となるポイントはもとより、いわば風景画と地図情報とが見事に調和・表現されている。

蕙斎はさらに高度を上げ、日本列島全体を北海道から九州まで立体的に俯瞰した「日本名所之絵」も描いているが、スペースシャトルはもとより航空機もないこの時代、なぜこのような構図が可能になったのであろうか。関東平野を見下ろす位置にある筑波山でも標高は九〇〇m弱である。海外や日本国内で作成された平面地図に接する機会があったにせよ、地図を立体的に読み取ったうえ風景を描ける彼の豊かな想像力に起因するとしかいいようがない。俯瞰ショットはその後葛飾北斎「東海道名所一覧」や川原慶賀「長崎港図」などさまざまな形で登場してくるが、その極みは小《こ》佐《さ》井《い》道豪《どうごう》の「北極中心世界地

吉田初三郎「近畿を中心とせる名勝交通鳥瞰図」（1926年）京都府立京都学・歴彩館京の記憶アーカイブから

図」（一八三七〈天保八〉年、Ⅵ章参照）であろうか。球体として地球を捉え北極の真上から北半球を描いたこの地図はおそらくオランダから将来された地図をもとに描かれたのであろうが、やはり「より高い視点を目指す」意欲が当時旺盛であったことを物語っている。

後に二十世紀に活躍した絵師・吉田初三郎が描いた鉄道名所案内図や都市案内図はこうした俯瞰ショットの思想を見事に引き継ぎ実用化したものである。視る人々に「旅」への意欲をかきたてるこうした案内図はまさに「一目」で全体状況が把握できる最適の伝達表現であった。この時代、ヨーロッパでは「ジオラマ」や「パノラマ」といった手法によってビジュアルに全景を捉える工夫が試みられ、日本では司馬江漢のように「覗き眼鏡」といった立体的な映像表現に挑んだ人たちもいた。鍬形蕙斎は狩野派や琳派など伝統的で組織的な表現制作手法も学びつつ、想像力のおもむくままに一味違った実用的でわかりやすい表現手法を開拓していったのであり、こうしたところにこの時代の清新さを感じるとることができる。

参考　小澤弘「津山藩抱え絵師鍬形蕙斎紹真の研究序説」（『調布日本文化』一九九一年）
『吉田初三郎のパノラマ地図』（別冊太陽　平凡社　二〇〇二年）

歌舞伎と「見得《みえ》」

──ビジュアル・コミュニケーションの極致

歌舞伎に「見得《みえ》」という所作がある。役者が花道に立ち止まり大きく手を挙げて掌を開き、観客をにらむようにして目をぐるぐると見開いて一瞬静止する。こうして芝居の流れをしっかりとせきとめたところで観客は役者の「入魂」をしっかりとみてとり、割れんばかりの拍手となる。まさに「画」のような「ストップ・モーション」の世界である。「暫」の権五郎の所作は「元禄見得」としてもよく知られ、「勧進帳」の弁慶の「不動の見得」、「鳴神」上人の「柱巻きの見得」などの所作も観客の心をつかんでいた。

歌舞伎の楽しさは日本の伝統的な色彩感覚にもとづいたビジュアルな舞台美術にもある。桜の花びらの舞う吉野の山、大川端の柳、遠近法を生かした殿中の大広間、絢爛豪華な南禅寺の山門、幻想的な鳥辺山の夜景など観客を演目の世界に思わず吸い込ませる「書割」などの美術手法である。その舞台装置の中で演じる役者の動きは、とりわけ荒事や時代物を中心ににらみつけるような形相で独特な身体表現を演じていた。空間的な広がりは舞台に仕組まれた美術セットから観客はビジュアルにイメージを膨らませることができるが、ストーリーが展開する中では流れていく時間をせき止めることで観客に印象付けを行っていく手法として「見得」が生まれたのであろう。まさに「ストップ・モーション」（静止画）によって時間の流れをせき止める、この「ストップ・モーション」こそが役者と観客を瞬時に一体化させるのであり、その意味でビジュアル・コミュニケーションの極致であるといえよう。演劇におけるコンセントレーションの貴重な一瞬である。

人気のある歌舞伎役者の顔や姿を浮世絵で描いた「大首絵」や「役者絵」にはこうした「見得」の一瞬を静止画として記録し、コピーすることで多くのファンとのコミュニケーションに役立て、歌舞伎全体のプロモーションに寄与し

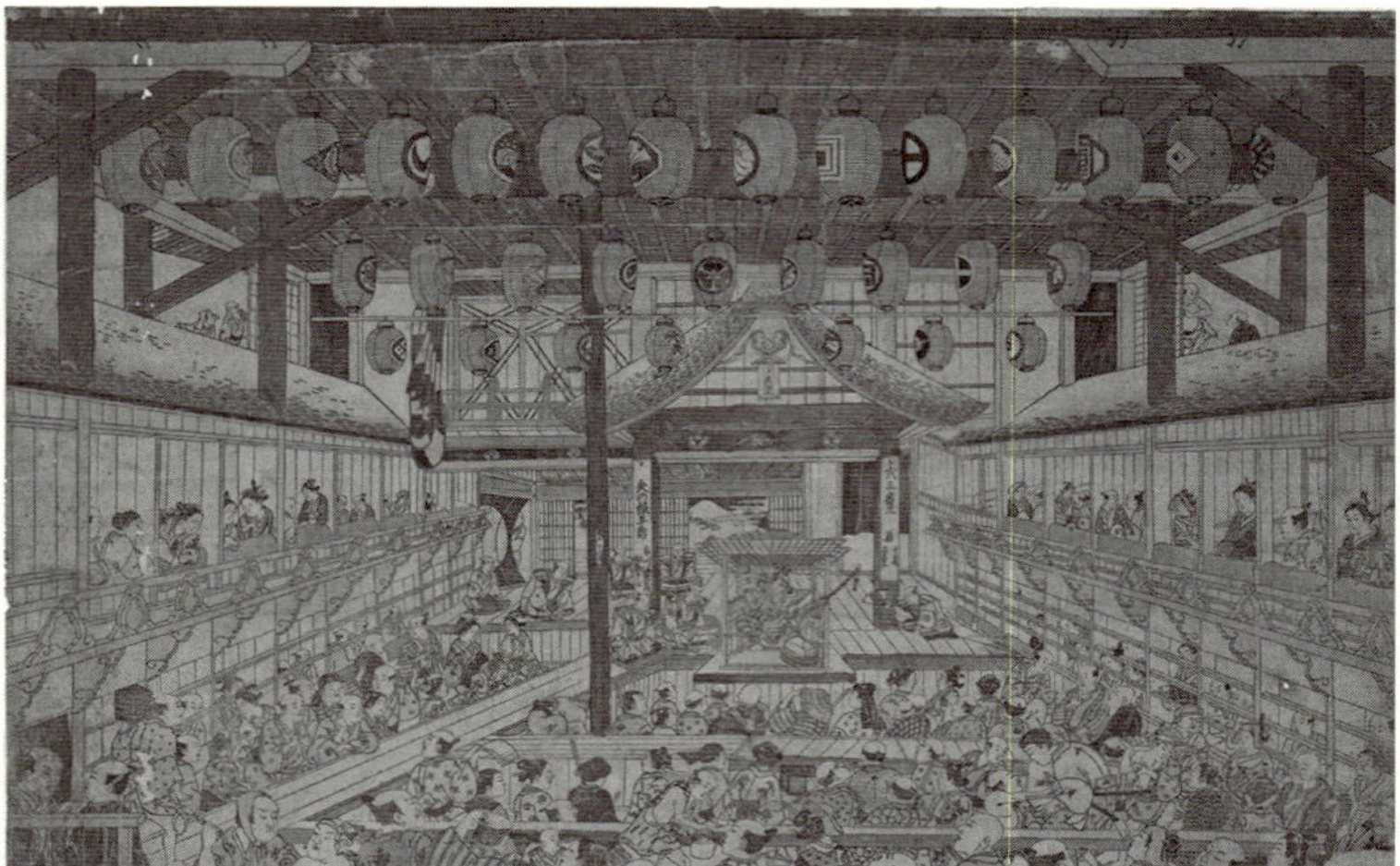

奥村政信「浮絵芝居矢根五郎狂言舞台」（18世紀）東京国立博物館蔵
（Image: TNM Image Archives）

てきたのであった。勿論「隈取り」など強烈な化粧による役柄の印象化も見逃すことはできない。「絵面の見得」などといわれるように「見得」は「画」のように決まるところに意味があった。フランスのリヨンに仕事で滞在したことのある明治の文豪・永井荷風はその経験をベースに「江戸演劇の特徴」のなかでこう述べている。「この総合芸術は全く江戸浮世絵とその趣向を同じうするものたる事を知れり。浮世絵は庶民日常生活の外形を模写せんと欲する娯楽的写実の精神より出でしがその表現の方法はしばしば写生を離れて特殊なる模様風《デコラチフ》の美術をなしぬ」「能く人情の機微を穿つ事あたかも浮世絵の写真に優る事あるに似たり」。

「見得」と同様、衣装の「引抜き」や別の衣装を重ねる「かぶせ」、あるいは上半身の衣装を腰から下に垂らしその裏を見せる「ぶっかえり」によって行われる「早変わり」も、観客の心を引きつける。中国四川省の伝統芸能である川劇《せんげき》で顔を覆った仮面が瞬時に次々と変化する早変わりは一瞬を強調したものであろうか。まさに一瞬に賭ける所作の効果は大きい。

オペラも歌舞伎も舞台は限られてはいるが、そこで演奏される音楽や歌唱によって観衆が演目の中に容易に感情移入しうる点では似通った芸術であるといえる。歌舞伎のセリフはもとはといえば人形浄瑠璃の常磐津や長唄に依拠していたものである。現代を意識した今風の演出であってもオペラでも歌舞伎でも長年にわたって形成されてきた伝統的な型はしっかりと生かされており、歌舞伎の「見得」もそのひとつである。

一方で荷風は、歌舞伎役者のセリフが西洋演劇に比べ「甚だしく緩慢冗長」であると驚いているが、西洋演劇の影響を受けて破壊されはしないかと案じてもいる。と同時に歌舞伎に付随して、浮世絵はもとより紋所縞柄染模様、羽子板、押絵、飴細工、菊人形、覗機関《のぞきからくり》、声色使いの雑技などさまざまな波及効果にも注目している。ストーリーは三味線中心の長唄、義太夫（竹本）、常磐津、清元の文言によって展開していくが、同時に黒御簾《みす》での下座音楽や柝、ツケも心情に訴える役割を担っている。こうしたいわば生活に溶け込んだ総合芸術としての歌舞伎ゆえに「見得」もまた浮世絵のように「焦点化」として捉えられるのかもしれない。「見得」は観客と制作サイドとのいわば「阿吽《あうん》の呼吸」、「コミュニケーション」の「象徴《しんぼる》」とでもいえるのかもしれない。

近年国立劇場で通し狂言として上演された曲亭（滝沢）馬琴作「南総里見八犬伝」は尾上菊五郎の監修により冗漫な個所を短くし、大屋根の立回りなど見どころを増やし、舞台セットも春夏秋冬を織り込んだビジュアルなもので見どころの多い歌舞伎となっており、時代のスピードに相応しい演出が今後も模索されていくのであろうか。

参考

永井荷風『江戸芸術論』（岩波文庫　二〇〇〇年）
服部幸雄『歌舞伎のキーワード』（岩波新書　一九八九年）
藤波隆之『歌舞伎の世界』（講談社　一九八九年）
河竹登志夫『歌舞伎美論』（東京大学出版会　一九八九年）

絵双六《すごろく》の世界
——正月はビジュアルに学ぶ

百人一首やトランプ、カルタとともに正月の子どもの遊びで人気のあった「絵双六《すごろく》」はいつの頃からか下火になって人生ゲームや動画のゲーム機にその座を奪われてしまった。

古代から行われていたゲームに盤をはさんで二人で勝負をする「盤双六」がある。名称やサイコロ（賽）をふって自分の駒を進める点では「絵双六」と似てはいるが異質のゲームである。「絵双六」の方はゴールに向かってさまざまな道のりを参加者が苦労しながら到達するそのプロセスが楽しみであり、多人数でも楽しめるところから家庭内ゲームとして長い間王座を占めてきた。

江戸時代に盛んになった「絵双六」は、当初、仏教の「浄土双六」のような宗教色の強いものであったが、時代を反映して「道中双六」と「出世双六」が双璧となって人気を博していった。前者についていえば、「浮世道中膝栗毛滑稽双六」（一八五五〈安政二〉年、歌川広重・画）のように十返舎一九の有名な作品をもとに描かれた宿場を弥次郎兵衛、喜多八とともに京都まで旅をしていくという設定のものや、「大日本六十余州名所一覧振分双六」（一八五六〈安政三〉年）のように江戸あるいは京都を振り出しに陸奥国から薩摩国まで全国各地の名所を廻りながら地域についての学習ができるものなどがある。なかには「新版御府内流行名物案内双六」のように柳川どじょうや蕎麦、団子などの名物、老舗を紹介するものまであり、単純明快な絵による貴重な情報源ともなっている。

一方、「出世双六」には官位や官職に就きながら出世していく「官職昇進双六」をはじめ、「新版庭訓振分双六」のようにおてんば娘から芸妓、花嫁、御新造、お局《つぼね》などさまざまな境遇を経て万福長者極楽隠居を目指すものもあるが、代表的なのは「寿出世双六」であろうか。養子、手代、部屋住、学問などといった六種類の出発点（立場）からどのようにして長者に成り上がっていくかというもので、下手をすると勘当、遁世、分散などといったケースが待ち受けている。こうした双六には世の中にはさまざまな人生があるとい

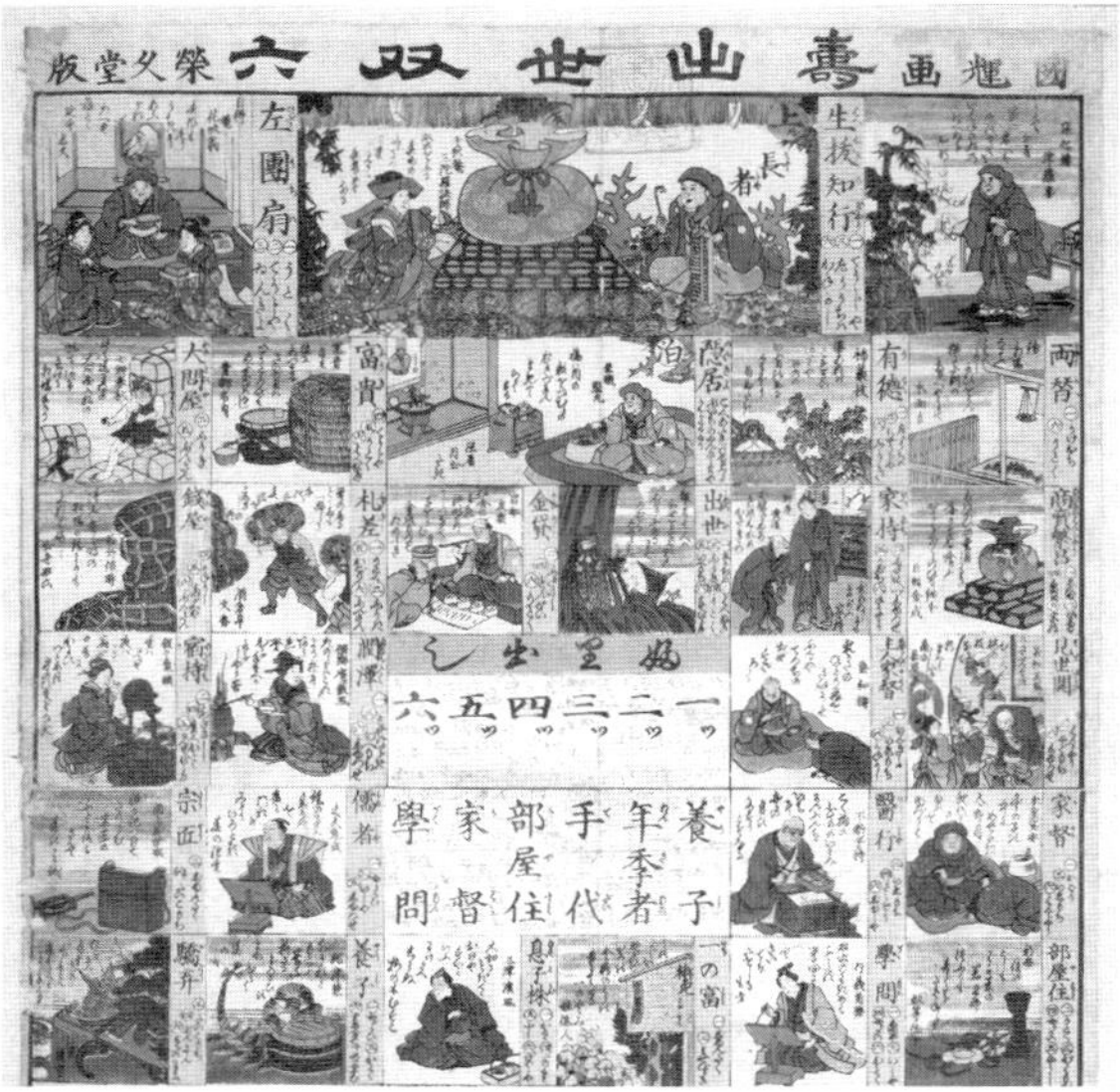

「寿出世双六　栄久堂版」国立国会図書館蔵

うことを体験的かつ客観的に学習させ、向上心を刺激する作用があった。
「絵双六」には、娯楽ゲームとしてさまざまなプロセスを疑似体験したり一緒に遊ぶ友だちとのコミュニケーションも気にしながら楽しめるところに妙味がある。サイコロという偶然に出た目による娯楽ではあるが、「旅」や「人生」にはさまざまな事例があるだけにその道筋の多様性を認識するのに都合がよく、そのノウハウは現代の「人生ゲーム」へと継承されている。明治時代に入ると「絵双六」はさらにバリエーションを増し、「大日本物産双録」「世界巡り双六」「日清戦争寿語六」「歌舞伎当寿語録」「新案活動写真撮影寿語録」「地理教育電車唱歌双六」「少女競争買物双六」などその時代を反映したさまざまな企画が立案され、少年少女雑誌の付録としても注目されてきた。

幕末の双六には著名な浮世絵師によって描かれたものも多いが、浮世絵版画と同じように木版摺りによる大量の生産消費が可能であっただけに、シンプルなマス・メディアとして人々のリテラシーの向上に寄与し、生きるためのヒントを与えることができたのである。しかもそれにはビジュアルな手法が実に効果的に作用していたといえる。当時庶民の中で流行った「へのへのもへの（もへじ）」や「へまむし入道」「つる三ハまるまるムシ」などといった「文字絵」の手法もこうしたリテラシー向上の動きと相通じるものがあろう。

参考　『絵すごろく展』（江戸東京博物館　一九九八年）

新たな映像表現に挑む

——銅版画家・司馬江漢《しばこうかん》

浮世絵が一世を風靡するなか、鎖国時代のヨーロッパ絵画に関心を持ちその表現方法や考え方を独学で学んでいた画家がいた。十八世紀の半ば江戸に生まれた司馬江漢《しばこうかん》である。

彼は狩野派や中国の山水画を学び、浮世絵なども手がけていたが、オランダから将来された書籍などに掲載された銅版画に感銘を受け、精緻で立体感のある画像に取り組むこととなった。その著「西洋画談」（一七九九〈寛政十一〉年）の中で、「画は毎々云ふ如く、写真に非ざれば妙と為《す》るにたらず、又画とするにたらず。其写真と云は、山水・花鳥・牛羊・木石・昆虫の類を描くに、毎見《みるたび》に新にして、画中の品物悉く飛動するが如し。是は西洋画にあらざれば能《あた》はざる事なり。故に写真を為《なす》者より彼和漢の画を視れば、誠に小児の戯れに幾《ちか》ふして、画とするにたらず」とまで述べている。

彼が意識したのは真の姿を画く写実（写真）の精神であり、真の姿（リアリズム）の追求であった。遠近感や立体感をどう表現するのか、覗《のぞ》きめがねを通して見るいわゆる「眼鏡絵」の活用はその象徴というべきものであった。代表的作品「三囲景《みめぐりのけい》」（天明三〈一七八三〉年）には隅田川に浮かぶ舟と岸に佇む人物を配した江戸名所の風情がやや俯瞰しながら立体感をもって描かれている。左右を反転した銅版画の絵を鏡とレンズを通して立体的に浮かびあがらせる手法は確かにそれまでの和漢の絵画では表現し得ないものであった。銅板に特殊な薬品を用いて腐蝕させ刻み込んでいくエッチングの手法は、大槻玄沢をはじめとする蘭医・蘭学者たちの協力なくしては不可能であり、ショメールの銅版画技法やラウケン父子の「人間の職業」等の書籍を渉猟し独学で習得したものであった。

「誰が見てもよくわかる画」を志した彼はこうも述べている。

「文字を以て誌すと雖《いえども》、其形状に

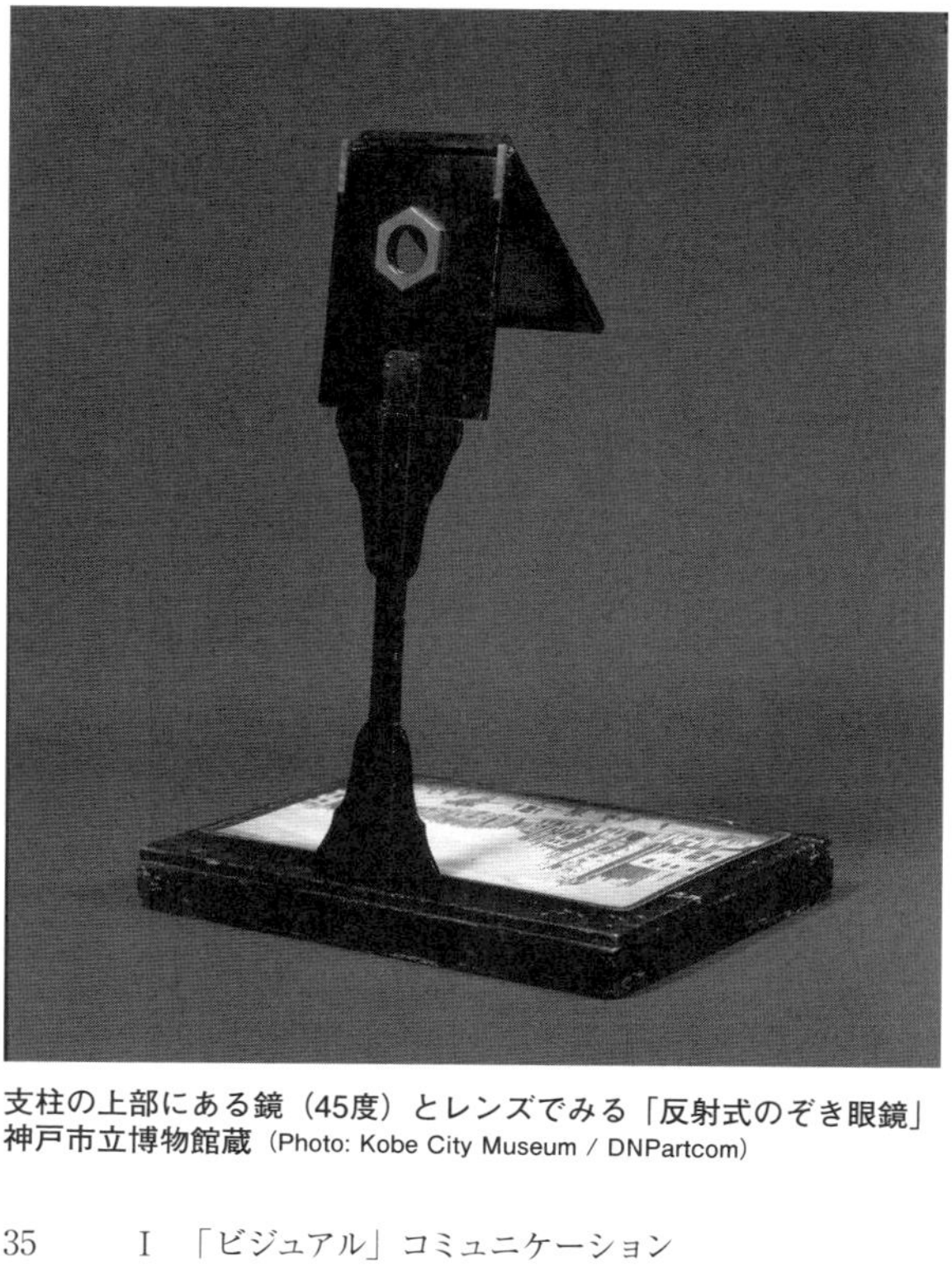

支柱の上部にある鏡（45度）とレンズでみる「反射式のぞき眼鏡」
神戸市立博物館蔵（Photo: Kobe City Museum / DNPartcom）

至りては、画に非ざれば之《これ》を弁じがたし。故に彼国の書籍は、画図を以て説き知らせるもの多し」、「図形《ずぎょう》にあらざれば其真を弁ぜず。奇器《きき》を造るに、図形に非ざれば其器械《どおぐ》を巧む事能ず」（「西洋画談」）。形状を説明したり物を作る場合には文字だけで説明しても理解するのは難しい、必ず画図が必要であるというのである。彼が力を入れた銅版画による世界地図もそうした観点に基づくものであり地球を認識するためには欠かせないものであったのであろう。また、平面の円と違って立体的な球形を表現するためには濃淡のつけ方など西洋の画法が有用であると彼は考えたのであろう。

十八世紀から十九世紀にかけて日本ではさまざまな分野で新奇なものへの挑戦が進んでいた。エレキテルの実験にも取り組み「秋田蘭

司馬江漢「三囲景」（眼鏡絵　1783年）神戸市立博物館蔵
（Photo: Kobe City Museum / DNPartcom）

画」も指導していた平賀源内（Ⅵ章参照）はその弟子小田野直武《おだのなおたけ》（後に「解体新書」の挿絵を担当）を介し司馬江漢にも影響を与えたが、同じ頃、松原右仲や亜欧堂田善といった画家たちも銅板画の制作に取り組み始めていた。司馬江漢はさらに天体や宇宙の広がりにまで言及（Ⅵ章参照）、正統派蘭学者からの批判も浴びながら蘭学を軸にヨーロッパの思考様式をマルチ・タレント的な活動で紹介していた。彼が明らかにしたかったのは新鮮で魅力的に映った洋画の秘密にあったのではないだろうか。

ヨーロッパでジオラマやパノラマといった迫真力のある立体的な画像表現が考究されていた頃、司馬江漢たちは覗き眼鏡なども活用してこれまでにない新たな手法の可能性に挑戦していた。こうした精神は後に日本の映画やテレビの世界に受け継がれ、今日のＣＧやアニメ、３Ｄ画像など日本の誇る映像表現の手法に生かされていったといえよう。

参考　司馬江漢「西洋画談」（日本思想大系『洋学　上』岩波書店　一九七六年）
菅野陽『江戸の銅版画』（新潮社　一九八三年）
成瀬不二雄『司馬江漢　生涯と画業』（八坂書房　一九九五年）
『司馬江漢全集』一～四（八坂書房　一九九二年）

「紀尾井町」
——江戸切絵図の世界

東海道や中山道など大名行列や飛脚の往来などで活況を呈している街道については道中の参考になる里程標や宿場町、河川の状況など旅の参考情報が「東海道分間絵図」（遠近道印《おちこちどういん》、一六九〇年縮尺一万二千分の一）や携帯用として作成された「大増補日本道中行程記」（一七四四年）などがある。主要街道に沿って脇道や宿駅、距離も記載され普及していったが、何といっても江戸については町の姿を知るための案内地図が必要であった。

十八世紀のはじめ百万人都市といわれた江戸の町。参勤交代制の定着によって諸大名が将軍の居城を取り囲むように屋敷を設けて定住し、六十万人といわれる町人は二〇％に満たない面積に住むこととなった。「御府内」といわれる江戸の行政上の範囲は幕末の「朱引図」で見ると亀戸、千住、板橋、角筈、代々木、大崎、品川を結ぶ線の内側にあり、現在のＪＲ山手線の内側を少し広げた範囲内である。初期の江戸の町については明暦大火の後、復興しつつあった江戸を描いたのが「新板武州江戸之図」（一六六六〈寛文六〉年、江戸東京博物館蔵）があり、当時の人々の姿を俯瞰的に描きとどめた「江戸図屏風」（寛永期の名所、風俗図）とは違って平面的で実用本位のものであった。しかし国絵図や総図なども含め大型の全体図では道路の状況や屋敷名がわからず、地域を限って切り取った小型でハンディーな地図が必要となり、その結果誕生したのが切絵図であった。

「江戸切絵図」はその代表的なものであり、十八世紀半ば宝暦、安永期頃から登場し、幕末の近江屋板や五色刷りの尾張屋清七板がよく知られており、三十～三十六枚程度に区分けされている。例えば今もその名を留めている千代田区の紀尾井町。ここは紀州（紀伊）徳川家や尾張徳川家、彦根井伊家の各藩邸が隣接する一帯であったため三家の頭文字を取って「紀尾井町」として名前が残り、四谷の上智大学とホテルニューオータニの間にある坂道が「紀尾井坂」である。まさに徳川将軍を支えるシンボルともいえる名称である。諸藩の武士たちの藩邸には上屋敷（執務―家紋印）、中屋敷（家族―黒四角印）、下屋敷（住居―黒丸印）があり互いに豪邸を競いあっていた。しかし近年のように目まぐるしい変化がない時代だけに目印としての大藩邸の存在はい

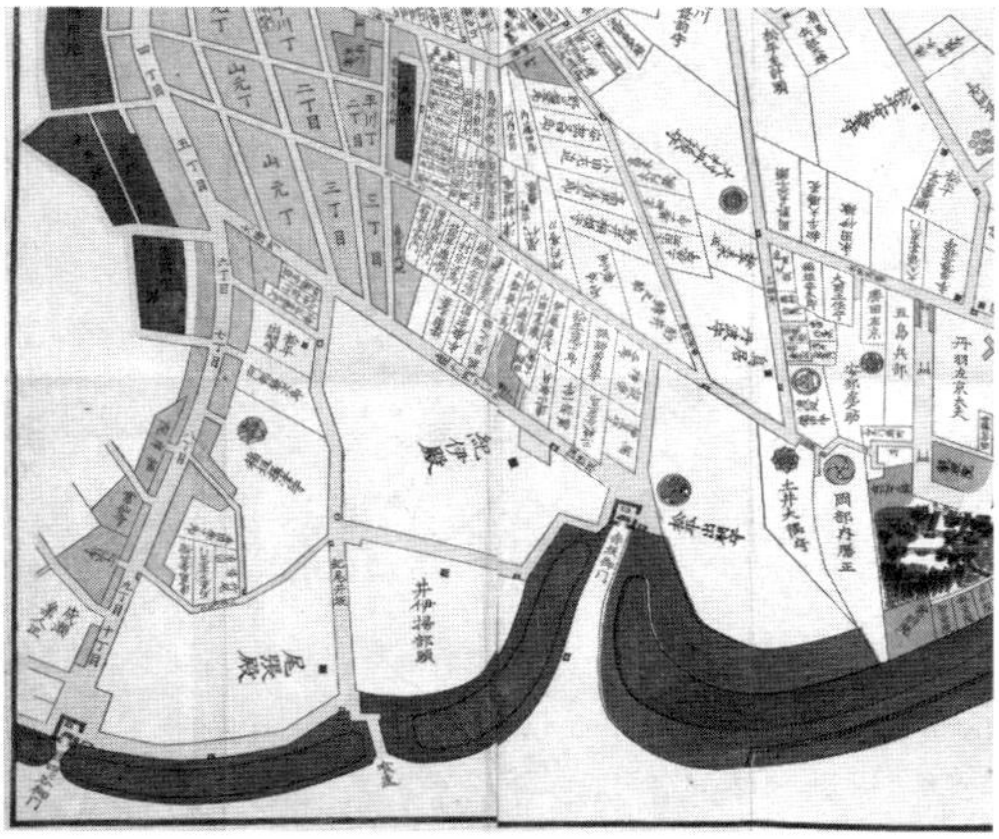

「江戸切絵図　外桜田永田町絵図」国立国会図書館蔵

までいう六本木ヒルズやスカイツリー同様いわゆるランドマークとしての機能を果たし、地名ともども地域の雰囲気をイメージする一助となっていた。中には「小役人」などと書かれた屋敷地もあり、武士もさまざまであったことがわかる。

武家屋敷のなかには後楽園や清澄庭園など著名な庭園を造作したところも多く、小石川の水戸徳川家の上屋敷では徳川光圀の代に明から渡来した儒学者朱舜水の設計により十七世紀末、名園後楽園が誕生、その名は野球場の名称でも知られている。六義園は五代将軍綱吉の側用人であった柳沢吉保が屋敷内に自ら設計したといわれる回遊式築山泉水庭園で、中国や日本の景勝にちなんで造園されている。また、江東区の清澄庭園は豪商紀伊国屋文左衛門の屋敷跡で久世大和守の下屋敷となった後、回遊式の庭園が設

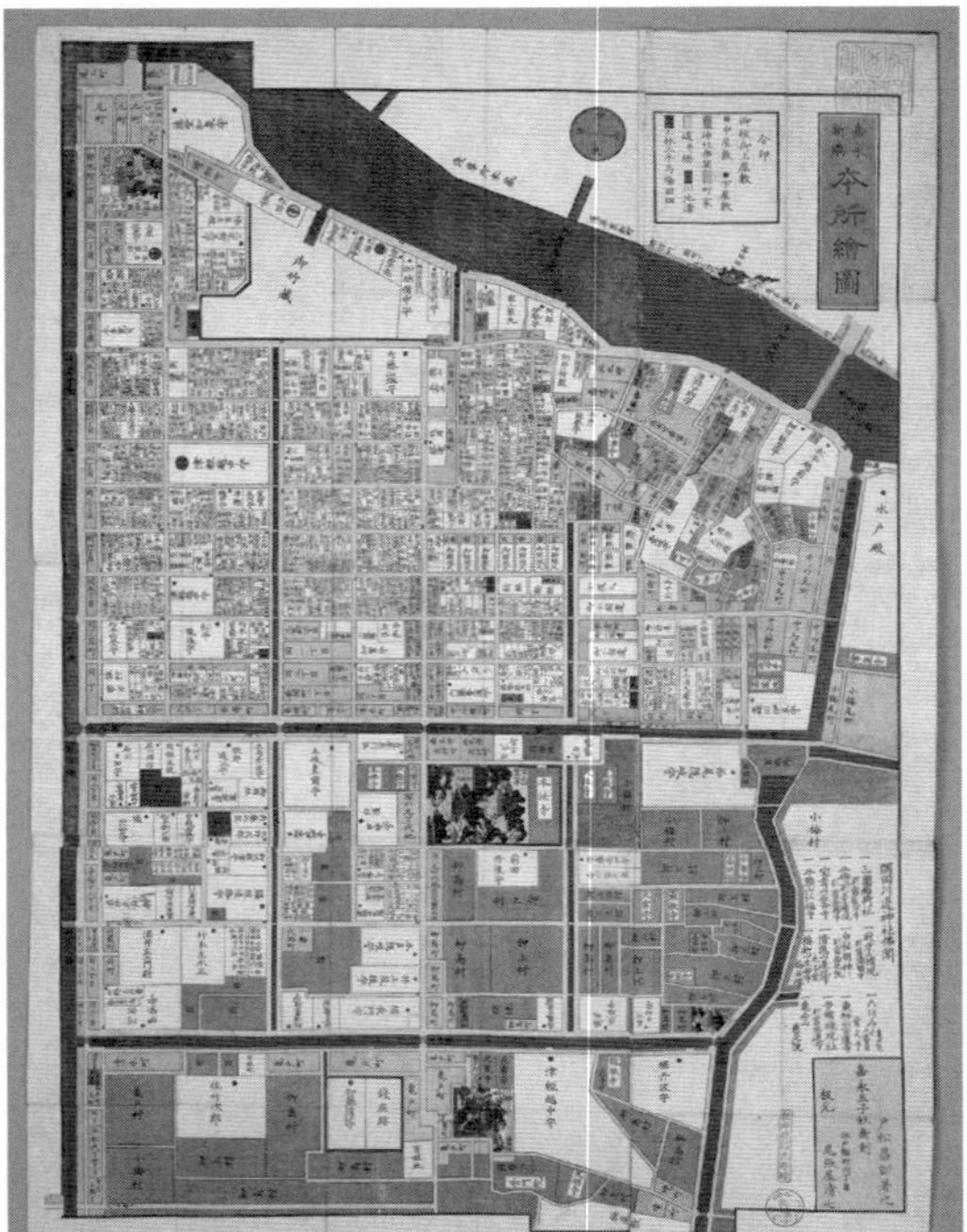

「江戸切絵図　本所絵図」国立国会図書館蔵

けられ、明治時代になって三菱財閥の岩崎弥太郎が整備したものである。

江戸の町ははじめ三百町ほどであったが、元禄時代には八百町に増加、十八世紀末にはいわゆる「八百八町」を超えて倍増する。関東・中部地方を中心に町方奉公・日雇等の形で流入してきたものと思われる。町人たちの住まいは深川や駿河町、魚河岸などさまざまで、商家のある表通りの裏に裏長屋が連なり、井戸や下水など共同利用による比較的衛生的な都市環境も整備されていた。明暦の大火をはじめ度重なる火災で壊滅的打撃を受けながらも組織的な消火活動体制を整備、火の見櫓や自身番による防災が整い、町奉行のもと家主たちによって町の維持、治安が図られていた。「切絵図」はこうした街並みを取りあげて細かく描き、江戸の街並みを的確に知ることができる必携品となっていった。

GPSによるカーナビやグーグルマップなどがない時代、江戸の町を探索するには多くの時間と労力を要し、唯一平面情報を提供してくれる「切絵図」は貴重な存在であったといえる。しかし人々に町のイメージを与えてくれたのは広重の「名所江戸百景」（一八五七〈安政四〉年）に見られるような浮世絵の存在であり、浅草寺、寛永寺、増上寺、目黒不動尊など寺社仏閣や隅田川、吾妻橋などの河川、橋梁を含め四季折々の風情をビジュアル化して伝えることができた浮世絵は江戸という町の姿を認識するのに大きな役割を果たしていた。

参考　『大江戸八百八町展』（東京都江戸東京博物館　二〇〇三年）
斎藤直成「江戸切絵図集成」一八四九～六二年　尾張屋清七（国立国会図書館蔵）

グレート・ウエーブ

――葛飾北斎の瞬発力

二〇一七年、ロンドン・大英博物館での「北斎展」に引き続き東京・上野の国立西洋美術館で開催された「北斎とジャポニスム展」では多くの人たちが葛飾北斎（一七六〇～一八四九）のエネルギーを再認識する絶好の機会となった。有名な富士山を遠景にした波の怒涛を一瞬のストップモーションで切り取った「富嶽三十六景・神奈川沖浪裏」の波の動きはまさに「動」の極致であり、「グレート・ウエーブ」としてヨーロッパ画壇に大きな衝撃を与えた。カミーユ・クローデル（十九世紀）は「波」というタイトルで高さ六〇センチ余のオニキスによる大浪像を制作、三人の女性が大浪の下で踊る豪快な作品となっている。また近年パリ・コレクションでも新作衣装にグレート・ウエーブの文様が登場している。

北斎は広重とともに「ジャポニスム」を代表する人物である。「北斎漫画」（一八一四〈文化十一〉年）にはそのくっきりとした描線で描くさまざまな人物の動き、例えば天秤棒を担ぐ男、相撲を取る男、弓を射る男など庶民の日常の姿が瞬時に切り取られ、ストップモーションの形でイメージをわかりやすく表現、「絵手本」としても多くの人々に影響を与えてきた。勿論人物のみならず野鳥や動物の動きや自然の風景においても同様である。北斎は当時流行した曲亭馬琴など著名な作者の「読本」に挿絵画家としても起用され、文章と画がからみあって評判となり、販売部数の飛躍的増加に寄与している。一方、「鳥瞰図」の項で取り上げた同時代の画家、鍬形蕙斎（一七六四〜一八二四）も相撲を取る人、魚を獲る人、天秤を担ぐ人、獲物を狙う猫など「人物略画式」（一七九九〈寛政十一〉年）や「略画式」といった人物のデッサン集を既に作成しており、葛飾北斎はこうした蕙斎のアイディアを真似たのではないかとの説もあるが、さすがに北斎らしく独特の構図として描き出されている。

葛飾北斎「富嶽三十六景　神奈川沖浪裏」山口県立萩美術館・浦上記念館蔵

既に平安時代の末十二世紀、京都・高山寺に所蔵され鳥羽僧正の作と伝えられてきた「鳥獣人物戯画」四巻があり、兎や蛙などの動物や人物の動態描写を行っているが、ダイナミックな動きを一瞬にうちに切り取るという点では蕙斎や北斎の描写が嚆矢であり、線描力を生かした表現力には今日のアニメへの流れを想起させるに十分なものがある。歌舞伎の役者絵で知られる喜多川歌麿（一七五三～一八〇六）の美人画や東洲斎写楽（十八～十九世紀）の役者絵、歌川国芳（一七九七～一八六一）の美人画など、顔の表情を伝える大首画には今にも動きださんばかりの生き生きとした表情が描かれており、「人物略画式」や「北斎漫画」の手法と共通するものがあり、江戸という時代の「ビジュアル精神」というものが感じられる。

北斎の人物動態スケッチはゴッホやモネのみならず有名なドガの踊り子などヨーロッパの画家たちに少なからず影響を与え、とりわけ「グレート・ウエーブ」といわれる「神奈川沖浪裏」は「ジャポニスム」のいわばシンボル的存在であったといえる。

「名所江戸百景」の項でも触れたが、浮世絵版画が飛躍的に発展したのは歌麿や写楽、北斎や広重といった画才溢れる絵師の存在だけではなく、美しいコピーを大量に複製し得るシステムがあったからである。彫師や摺師の呼吸があって初めて一枚の版画が完成する。木材を原板とするだけに摩耗すれば新たに彫り直していく。こうした作業を見事に成し遂げていくプロダクション工房としてのチーム・ワークなくしては北斎漫画も広重の風景画もあり得ず、まさに「日本の組織力」の原点をみる思いがする。

参考　『北斎とジャポニスム』（国立西洋美術館、読売新聞事業局　二〇一七年）

Ⅱ

「ビジネス」コミュニケーション

～伝達の幅を広げる～

ガイドブックのルーツ「旅行用心集」
――まずはセキュリティ・チェックから

新緑が美しい季節になるとついどこかに出かけたくなるのが人情である。新幹線や飛行機等いずれも手軽に利用できる現代とは異なり、駕籠や馬に乗るのが精一杯の江戸時代、旅に出かけるのは一仕事であった。五街道や脇街道が整うにつれ、関所さえ通過できればどこにでも行くことはできた。当初は幕府や藩の役人たちが出張のついでに物見遊山を決め込む例も多かったが、次第に商用あるいは旅そのものを目的とした旅行の時代が始まっていく。テレビでおなじみの「水戸黄門漫遊記」や「東海道中膝栗毛」（十返舎一九）などのフィクションものをはじめ、社寺参詣の代表「お伊勢参り」や「善光寺参り」、落語の「野崎参り」など楽しそうな旅の雰囲気がさまざまな形で今に伝えられている。

古来旅好きな日本人、道中の絵地図や挿絵（イラスト）の入ったガイドブックが数多く創出されたのが江戸時代であった。いずれも横並び、集団行動型でマニュアル志向が強い日本人には欠かせないもので、なかでも注目されるのは「旅の心得集」ともいえる八隅《やすみ》蘆菴《ろあん》（景山）著「旅行用心集」（一八一〇〈文化七〉年）である。「旅の恥はかき捨て」と開放感に浸る旅だけにとかく無用心になりがちな旅人に、「快適な旅にはセキュリティが第一」と危機意識を喚起したのである。犯罪が多発する現在、海外旅行に際しては外務省の危険度情報をインターネットで事前チェックするのは当然だが、当時世界で最も安全といわれた日本においてすでに自己責任によるセキュリティ・チェックで安全対策が考えられていたのには驚く。「旅行用心集」は、若い頃から旅行が好きで全国を経巡った八隅蘆菴が「旅の先達」として自らの経験をもとに著述、江戸日本橋の須原屋から絵入りで発行したもので、自分の不始末から楽しい旅を台無しにしないためのアイディアと工夫がつまっている。

例えば、「宿とりて一に方角、二に雪隠（トイレ）、三に戸じまり、四に火のもと」といった旅行教訓歌もあるが、中核の「道中用心六十一ヶ条」にはこんな条々がある。

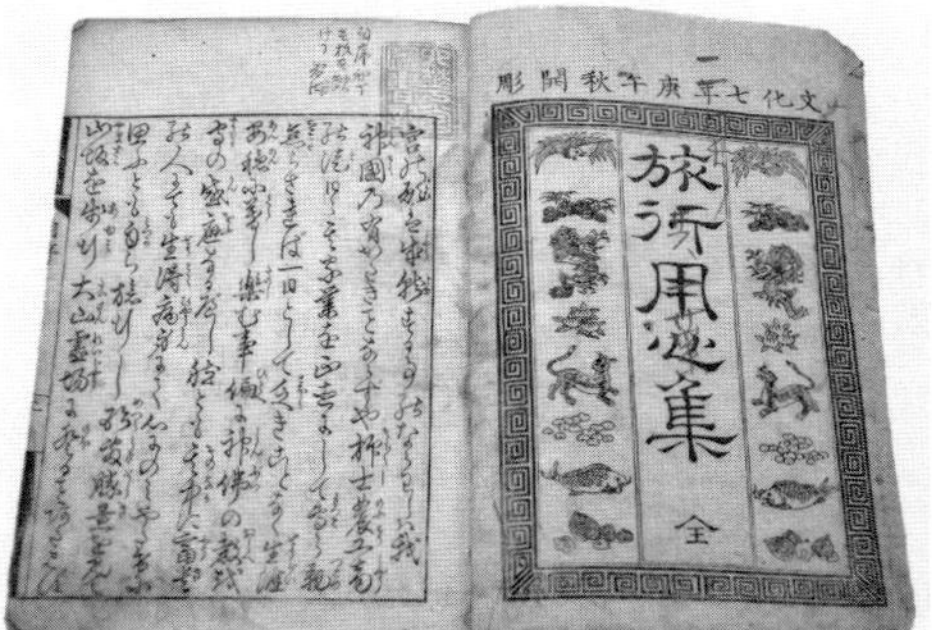

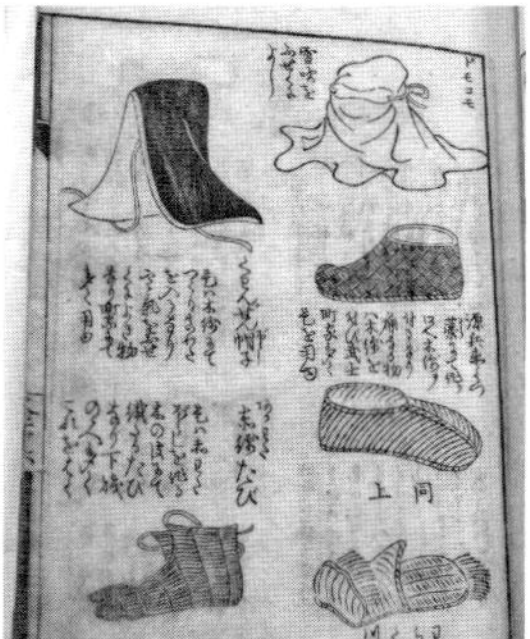

「旅行用心集」郵政博物館蔵

・旅のはじめに注意すべきは草鞋の使い方、足を痛めぬよう歩行もゆっくりと
・夏の旅は消化不良を起し易く飲水飽食に注意。道ばた草むらでの休息は毒虫多く危険
・相部屋では、同宿の相手の様子をよくうかがい、風呂の順序その他争わぬように
・川越（船渡り）では懐中物をしっかり押さえ、葛篭などの中身は油紙で二重包装を
・雪解け、降雨による出水の河川は危険、徒歩はもちろん浮橋は渡らないこと
・道中で数日間道連れになっても、相手と食物や薬などのやり取りをしないこと
・路銀は胴巻きに入れ、日々の小銭を懐に入れ出し易くする。就寝時は特に注意
・道端の果実や五穀などに手出し無用。田舎言葉や他国の風習など猥りに嘲らないこと
・従者を伴う時は病死等万一に備え事前に一札を。もしもの時は宿屋、医者から一札を
・神社仏閣は勿論、橋や立木、大石などに落書、張り札をしないこと

このほか、寒国旅行の心得や船酔い、落馬時のケア、野生動物や毒虫対策、天気予報、道中地図や関所情報などと多岐にわたり、他所の人々とのトラブルを防ぐ術など随所に当時の人々のコミュニケーション感覚が滲んでいる。こうした旅行ガイドとしては浅井了意「東海道名所記」（一六五八〈万治元〉年）以来の伝統があり、江戸時代に出版された多種多様な旅行情報は、今日の旅行ガイドや旅グルメ・テレビ番組の原点となっているといえよう。

参考　八隅景山『旅行用心集』（櫻井正信監訳　八坂書房　一九九三年）

「料理山海郷《りょうりさんかいきょう》」

——グルメのデータベース

正月は「おせち料理」、といっても準備のできる家庭は少なくなったが、いまや日本は世界に誇るグルメ大国、一年中世界各国の料理を味わうことができ、日本人の繊細な味覚にあうよう日夜研鑽されている。テレビでは「食」をテーマにした番組が流れ、料理のアイディアや便利なレストラン情報源としてもほどほどに視聴率を稼いでいる。

こうした「食」に関する情報についてはすでに十七世紀半ば、魚や鳥、野菜など材料に応じて調理方法などを記した「料理物語」が出版されて以来、有名な「豆腐百珍《ひゃくちん》」（一七八二〈天明二〉年）をはじめ料理に関する解説書が続々と登場している。なかでも博望子《はくぼうし》の「料理山海郷」（五巻一七五〇〈寛延三〉年）は姉妹編の「料理珍味集」（五巻、一七六四〈宝暦十四〉年）とともにいわば日本の代表的料理を記録した重要な基礎データ集として注目される。

「料理山海郷」の第一巻には、桑名時雨蛤《しぐれはまぐり》、仙台煮、沖膾《なます》、南京汁等ではじまる四十六品目が掲載されているが、両書をあわせると四百五十を超える料理が網羅されている。例えば「桑名時雨蛤」の項には、「小蛤むき身をざっとゆで、笊（＝ざる）へあけ水をよくたらし赤味噌のたまりをにへ（＝煮）たたし、山椒のかわ短冊に切、麻の実を入れ右のはまぐりをいるなり」とある。素材は魚介や穀類、野菜が多いが、煮物、揚物、焼物、汁物、練物をはじめ麺、餅、飯、団子、豆腐にいたるまで多種多様である。鰯《いわし》汁の項に「赤鰯よく洗いて入る、但し鰯を切て入るは遅く入るが良し、早く入るは塩辛くなりて悪し」、若狭にしん鮓《すし》では「にしん五六日も水に漬け、皮骨をよく洗い去り、にしん五十本に糀《こうじ》三合入れ押をかける」と糀の分量に触れ、糀のほかに「大根や芹《せり》三《みつ》葉《ば》の類を漬け込んでも良い」と解説、貝の早煮の項に「水沢山にすべし、貝水より出ぬようにすべし。若し水より上に出たる貝はかたし」とあるように、随所にノウハウも散りばめられている。

このほか近江醒井餅、南禅寺山椒、甲州打栗、丹後塩引、熊谷田楽、長崎打鯛、薩摩すみれ、秋田水団子など地方の名称にちなんだ料理も多い。例えば、琉球蜜柑とは

正月を祝う「おせち料理」（筆者撮影）

「琉球芋を茹で皮を去てすりつぶし、みかんの形に捏ね、青のりの粉にまぶす、軸はみかんの葉をつける」ものであると説明、蕎麦切の項では「信濃の粉は湯にてこねるが良し、暖国にて出来たる粉は水にてこねるが良し、土用の中の粉は良し、土用過ぎの粉は悪し」などと産地や時期によって品質や使用方法が変わるものだと体験的に解説している。

陸上や水上の交通網が整備され、人々の往来や商品の流通が盛んになるにつれ、「食」の情報が全国レベルで高まっていくのは当然である。蒸すか蒸さないかといった鰻の蒲焼の方法や、薄口か濃口かといった醤油の色合いなど江戸と上方とでは「食」の感覚に違いがあることもわかっていく。各地の名産品への関心も高まり、幕末には羊羹、饅頭、塩昆布など今日でも知られる老舗のブランド商品が数多く登場してくる。

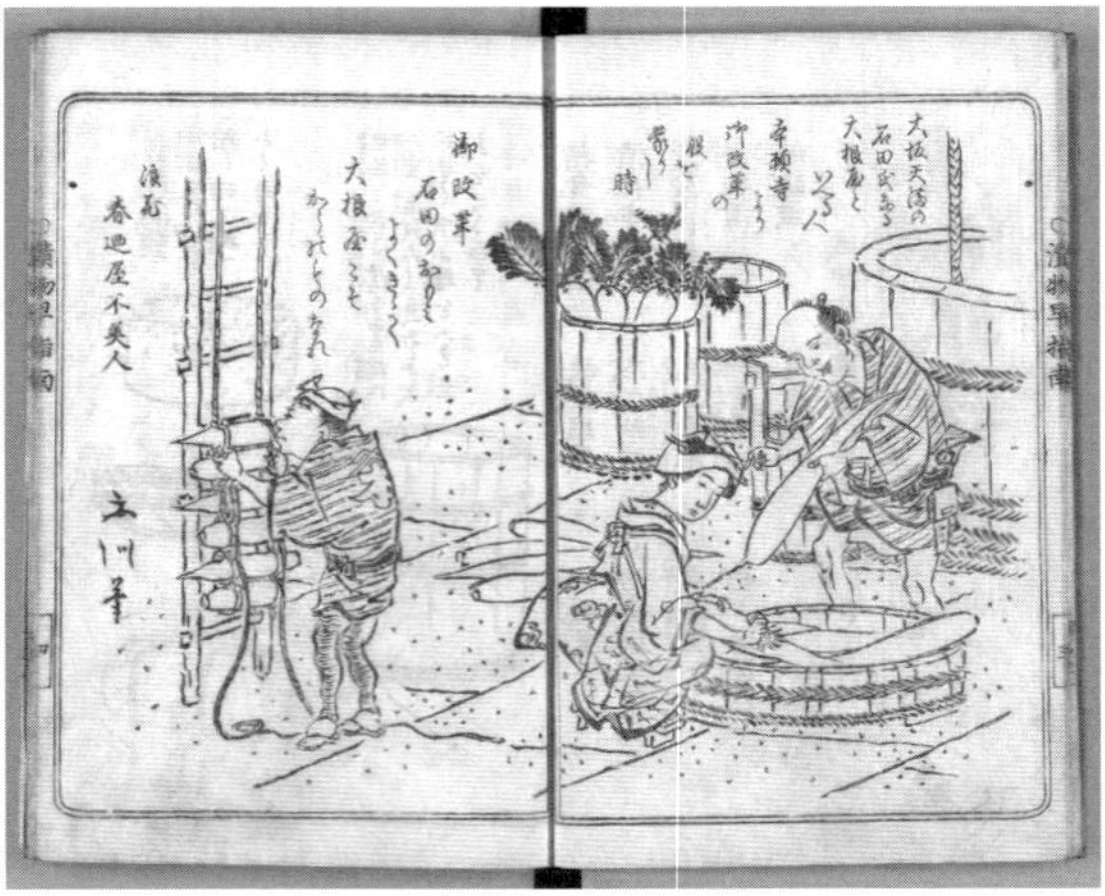

「漬物早指南」（四季漬物塩嘉言《しおかげん》）（小田原屋主人　天保7年）
国立国会図書館蔵

カステラや卓袱《しっぽく》など長崎から流入した海外の「食」も含め、「食」に関わる情報は大名や食通など特定の人々から一般庶民へと次第に浸透していった。料亭の料理や配膳のシステムを紹介した有名な八百善の「江戸流行料理通」（初編、一八二二〈文政五〉年）はいわばレストラン情報の元祖ともいえるが、ともかくも旺盛な好奇心によって多様な「食」のノウハウが江戸時代以来集積されてきたところに今日のグルメ文化が成立し得たといえよう。

参考「料理山海郷」（吉井始子『江戸時代料理本集成』四　翻刻　臨川書店　一九七九年）

「商売往来」

――高まる庶民の専門性

江戸時代、庶民はよりよく生きるための知恵として「専門性」をどう確保してきたのだろうか。商人の時代が始まる一六九四（元禄七）年、その子弟をターゲットとして大坂で上梓された「商売往来」はこうした求めに応えるもので、書簡集「庭訓往来」に代表される「往来もの」の一つとして寺子屋などで使用されていた。撰者の堀流水軒は書道の師匠でもあったため、文字は大きく見やすく描かれ、子どもたちに格好の教材ともなっていた。

「凡そ、商売持扱う文字は、員数、取遣の日記、証文、注文、請取、質入、算用帳、目録、仕切の覚也」で始まる「商売往来」は、一頁四行、一行あたり七、八語の漢字で構成され、三百ほどの関連語彙が振り仮名つきで二十丁に収載され、商売に必要な基礎知識や商人としての心構えなどが随所に散りばめられている。

内容のまず第一は商売の基本である通貨対策。大判、小判をはじめ壱歩（分）、弐朱金などの金貨や丁銀、豆板、灰吹銀など品位も含め通貨は多種多様、両替には真贋のみわけが必要、貫、目、分、厘、毛、払まで天秤で量目を確かめる態度を養うこと、と述べている。

列挙された商品として、雑穀では米、麦、大豆、蕎麦、粟、黍、稗、胡麻、菜種などがあげられ、その商いに際しては値段や相場をよく調べ、運賃、水揚げ、口銭などを差し引き、利潤を考えて売買することが大切である、と述べている。この他、味噌、酒、酢、醤油、油、蝋燭、紙、墨、筆などの必需品、金襴、繻子《しゅす》、緞子《どんす》、縮緬《ちりめん》、羽二重、天鵞絨《びろーど》、羅《ら》紗《しゃ》、真綿、袴、羽織、浴衣などの衣類、紺、紫、浅黄、萌黄、茜、紅粉、御所車、菊、桐、蔦、唐草などの染色・家紋の類、伽羅《きゃら》、麝香《じゃこう》、樟脳、人参、白檀《びゃくだん》などの薬種・香料、あるいは武具、家財、雑具、海産物、鳥類など実に多種多様である。語彙と実物を結びつけながら子どもたちは必要な知識を身につけていったのであろうか。

こうした基礎知識を列挙した後、「商人の子弟は幼

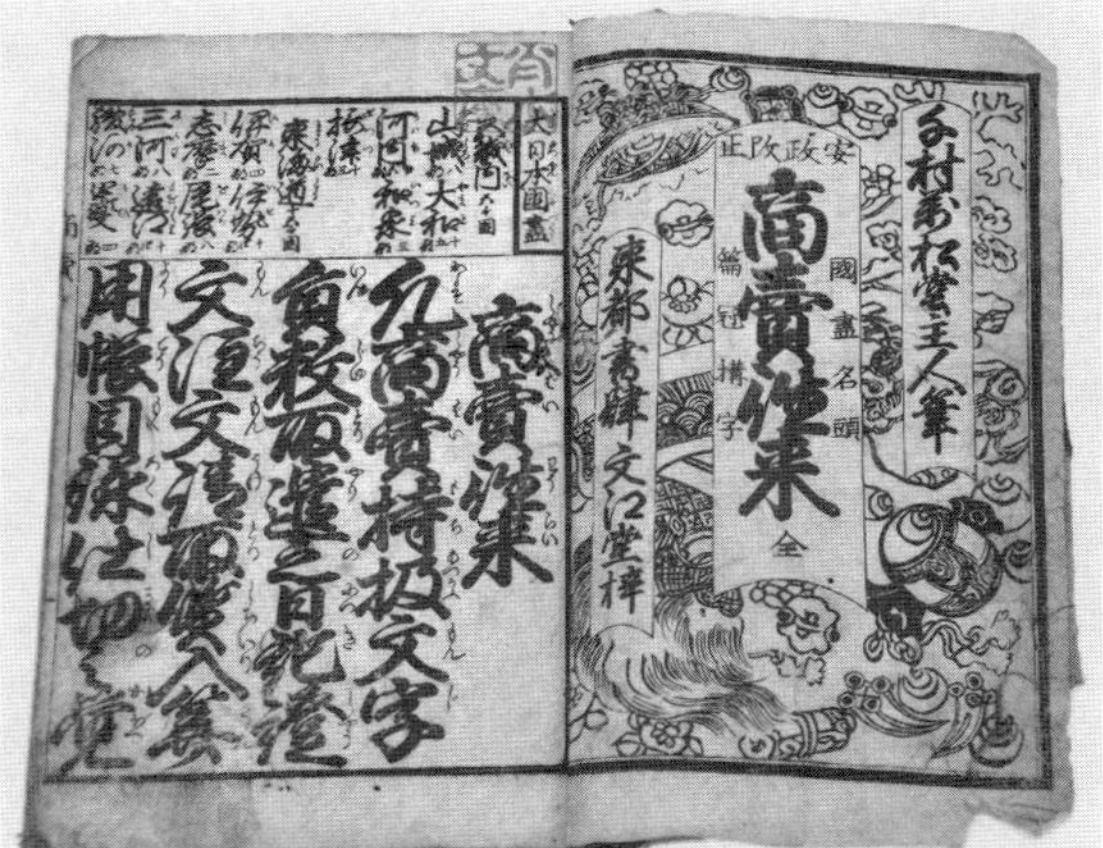

「商売往来」郵政博物館蔵

少から習字・算術をまず学び、財に余力があれば連歌・俳諧・茶道・花道・謡曲などを嗜むのも良いが、遊興・造園造作など金銭を消費するのは無益で身を滅ぼすもととなる」と戒め、最後にこう結んでいる。

「大いに高利を貪り、人の目を掠め、天の罪を蒙らば、重ねて問い来る人、稀なるべし。天道の働きを恐るる輩は、終に富貴繁盛、子孫栄花の瑞相《ずいそう》（＝めでたいしるし）也」

ここには商売にとって欠かせない「正直」「柔和」などといった人の道についての心構えがさりげなく挿入され、商人としての倫理規範も学習できるようになっている。

「商売往来」にはその後「商家日用往来」「商売往来絵字引」「商人通用商家用文章」など多くのバリエーションが生まれ、明治初年まで出版が続いたが、こうした専門知識教育は商売だけにとどまらず「往来もの」という形で広く流布し、農業関係では「農業往来」「百姓往来」、建築関係では「番匠往来」「左官職往来」、計量器具を扱った「諸品寸法往来」、船の建造に関わる「船由来記」など専門性を高めるためのテキストが用意されていた。幼少時からこうした専門性に触れることで一定レベルの職業意識が形成されていったことは注目すべきで、中小企業を含めた今日の日本の生産力の高さの原点をみる気がする。

参考　三好信浩『商売往来の世界』（ＮＨＫブックス　一九八七年）

富山の薬売り

——訪問販売・行商の掟

二〇〇五年四月、プライバシー保護の観点から「個人情報保護法」が施行されたが、江戸時代、商品の流通に関わりながら顧客の個人情報保護に気を配っていた人々がいた。有名な富山の売薬商人のグループである。

総合胃腸薬とでもいうべき「反魂丹《はんごんたん》」で知られる富山の売薬の歴史は古い。加賀の前田家の支藩にあたる富山藩では二代藩主前田正甫が備前岡山の医師伝来の薬を愛用、江戸詰めの大名たちの賛同も得て十七世紀の末頃から各地で販売するようになったと伝えられている。幕末には東北地方から九州まで全国に二十一組、二千五百人が従事、売上高は二十万両におよび、三千両を藩に納付、藩財政の一五%に達したという。売薬の基本は、販売員が薬箱を背負って得意先をまわり、薬品名と数量を懸場帳《かけばちょう》に記入して薬を置き、次回訪問した際に使用した分を支払ってもらうという仕組みである。薬の原料は主として大坂の薬種問屋経由で中国産のものなどを富山の薬種屋が入手、丸薬などに加工していた。富山藩は薬材の仕入れから商品の生産・開発、資金調達、他藩への立入り許可支援など売薬業務が円滑にすすむよう全面的に支援、人々の移動が制約されたこの時代、手形の発給などいわばお上による公的認可事業として育成してきた。後に反魂丹役所も設置され、明治時代以降へと引き継がれ、富山の産業振興のシンボルとなったのである。

富山と得意先とを結ぶネットワークは売薬における生命線。その維持には顧客からの全面的な信頼が不可欠であった。医者や医療に恵まれない地域では健康維持のために常備薬を配置する行商人への期待は大きい。時にはカラフルな版画や扇子などのおまけを持参するといったサービスも忘れなかったが、同時に他国の同業者とのトラブルを避けるという課題もあった。当時売薬に力を入れていたのは大和、近江の両国であったが、富山側が大和の同業者と結んだ協定には「合薬渡世商売とは申ながら、人間病苦を救ひ一服一粒にてその苦患を遁れ候程の品に候得者《そうらえば》、大切に修合可致《いたすべき》事」などとあり、こうした使命感が彼らを支え、富山のブランド力を高めていったのであろう。

行商に用いる柳行李　富山市売薬資料館蔵

脈をとるなど医者まがいの医療行為は当然禁じられ、旅先での立ち居振る舞いにも細心の注意を払うよう仲間同士で再三確認を行っている。「喧嘩口論」はもとより「賭」ごとや「悪敷《あしき》参会」はしない、勿論「虚言、悪口申触《ふら》」すことは許されず、身分をわきまえ「誠実な態度」を示すことが求められていた。行商のプロセスで得た各地の噂や情報を流布することも可能であったが、個人情報を他に漏らせば自分たちの信用は失墜するという認識から当たり障りのない話をせざるを得なかったし、逆に薬の秘事口伝や情報漏えいを恐れ現地で人を雇うことは禁じられていた。

特に彼らが恐れていたのは他藩の領内への出入りを差止められることであった。例えば九州の薩摩藩担当者は差止めを回避するためにさまざまな譲歩を行っている。薩摩藩で禁じられていた浄土真宗（一向宗）の盛んな富山出身者ゆえ「浄土真宗の法話は禁止」、「出身地をはじめ人数、所持金

サービス用版画「火要鎮（火の用心）大小暦　（甲寅　嘉永7年用）」（松浦守美画　栗山屋版）富山市売薬資料館蔵

などは明かさない」「越中富山の看板なども不要」「旅立ち、帰国時は仲間同士一緒に」など富山の色合いを薄め、仲間との結束や相互監視を強化、時には北海道の昆布を船便で手配するなど薩摩藩へのビジネス・サポートも行っていた。

各地を回りながら彼らは「時代の風」を一身に感じ取っていたであろうが、基本的には「物言わぬキャリヤー（運搬者）」として他所の情報は漏らさなかった。いまやインターネット通販による宅配の時代、情報保護の観点はさらに強化されていくのであろうか。

参考　高岡高等商業学校編『富山売薬業史史料集』（一九三五年）
植村元覚『行商圏と領域経済』（ミネルヴァ書房　一九五九年）
辻村明『日本文化とコミュニケーション』（日本放送出版協会　一九六八年）

「役者絵」と「評判記」

――歌舞伎のプロモーション

年の暮は「顔見世興行」の季節、京都の南座では冬の風物詩として毎年賑やかに行われている。江戸時代、歌舞伎の劇場では毎年十一月から翌年十月まで一年契約で役者を抱えていたので、新しく契約した役者を紹介する意味でこの時期に揃っての「顔見世興行」を行っており、東京の歌舞伎座でも昭和の半ばに復活した。一方、名だたる役者の襲名披露も盛んで、中村勘三郎や坂田藤十郎の襲名披露などが記憶に新しい。新たなファン獲得のためにはこうしたプロモーション興行は欠かせないのである。

ところで新聞・雑誌やテレビ、インターネットがない時代、最大のエンターテインメントとなっていた歌舞伎に関する情報はどう伝えられていたのであろうか。

一つは浮世絵版画の「役者絵」である。いわばカラー写真のように煌びやかな色彩で印象に残るその版画は、人気役者の全身像から顔のクローズアップ（＝大首絵）までさまざまなサイズが用意されていた。版画という優れた複製（コピー）装置によって大量に全国各地のファンの手元に届けることが可能となったのである。喜多川歌麿や勝川春章など才能あふれる浮世絵師たちの手によって当代一流の役者の顔貌が艶やかに描かれ、なかでも謎の絵師として知られる東洲斎写楽は一年にも満たぬ間に百数十点の浮世絵版画を発表、まさにマスメディア向けのコンテンツ作家としてその才を遺憾なく発揮していた（口絵参照）。

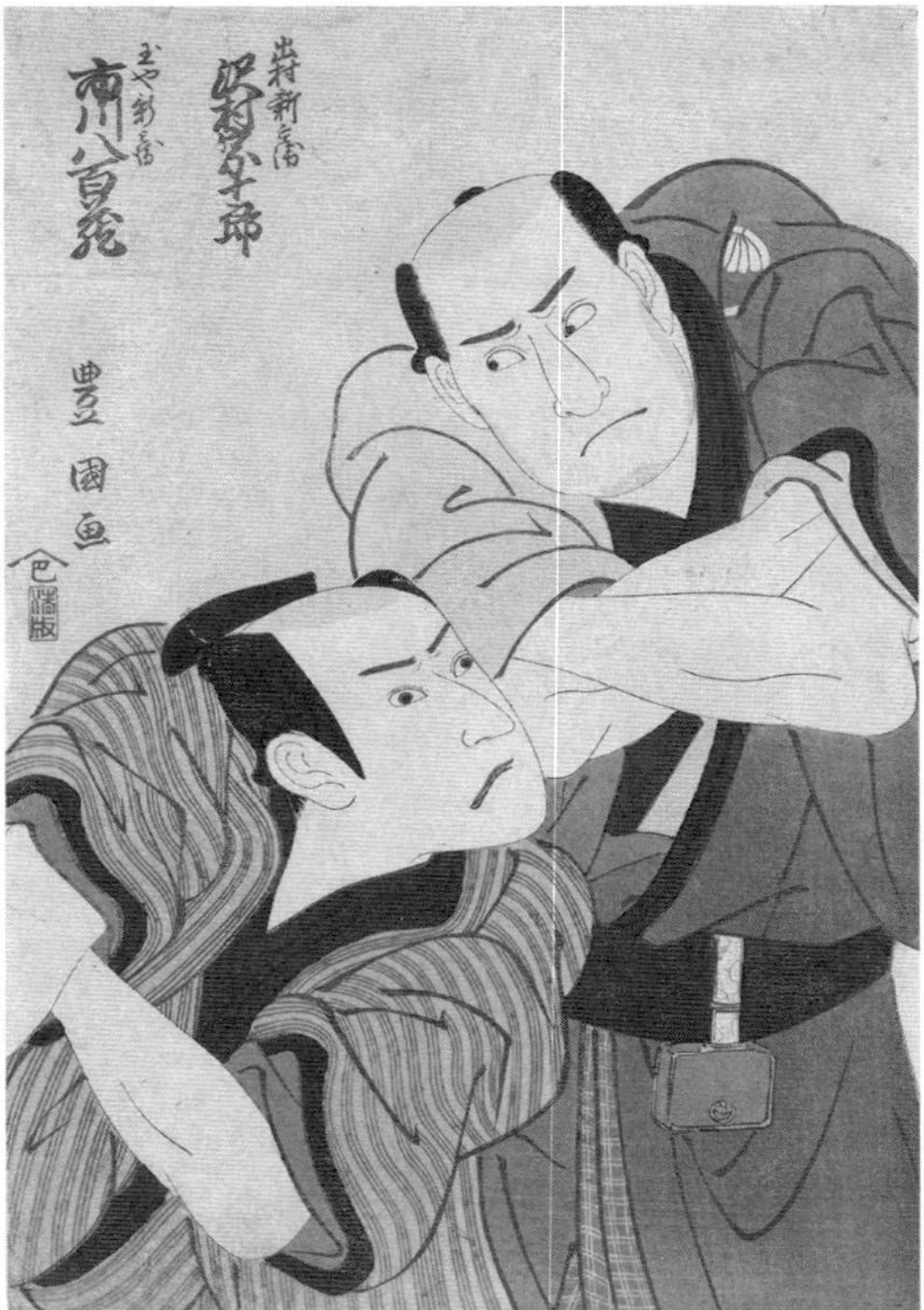

歌川豊国「沢村宋十郎　市川八百蔵」
山口県立萩美術館・浦上記念館蔵

もう一つは役者についての紹介記事集ともいえる「役者評判記」である。万治年間の「野郎虫」をはじめ元禄期の「役者口三味線」や「役者大鑑」など数多く板行されている。

一六九五（元禄八）年の「役者大鑑」では、役者は「立役」「女方」「若衆」などといった役柄ごとに「上上」「上」「中の上」「中」などと評価され、コメントがついている。

例えば、立役の村山四郎次郎は「所作も顔貌も良くセリフも良い」と「上」の評価であるが、同じ立役の中村勘三郎は「年は若いがここ一二年巧者になった、しかし所作にはまだ危ういところがある」と「中」にランクされている。敵《かたき》役の市川団十郎は「敵役でも立役でもどちらを演じてもうまい、とにかく器用で何事もこなしてしまう能力がすごい」と絶賛され「上上」、若女方では萩野沢之丞が「この人の面体には愛嬌があり、憎めなく、可愛らしい。人によっては猫背のようで所作が小さく見えると非難するが、それくらいは許してやりたい」といろいろな見方にも配慮しつつ「上上」となっている。道化《どうけ》の西国兵五郎も「芸を見ぬうちから顔を見ただけで可笑しくて仕方がない人物」と「上上」にランクされているが、なかには「話し方がせわしなく、所作もしっかりせず芸風に艶がない」「何を褒めてよいか、書くべき評判もない」などと手厳しいものもある。こうした主観的な評価が恐らく読む人の心を捉えたのであろう。

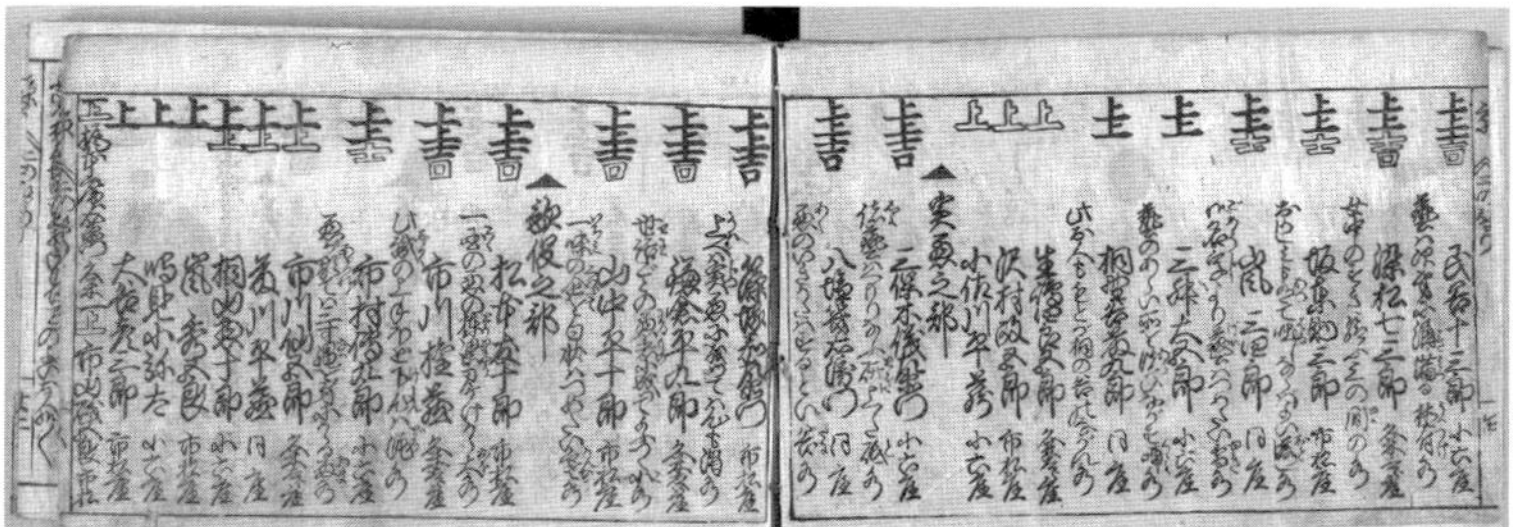

「役者評判記」国立国会図書館蔵

歌舞伎は人形浄瑠璃も取り込み、日本の風土をベースに時代物や世話物などすぐれたコンテンツを創りあげ、多くのファンを育ててきた。役者は勿論、舞台や衣装、浄瑠璃演者たちが一体となって芝居を盛りたててきたが、劇場運営においてのプロモーションは不可欠であった。「画像情報」と「文字情報」。この両者が相補いつつ相乗効果を伴いながら「木版」という「複製技術」を生かして多くの人々に歌舞伎のイメージを植えつけていったといえる。

参考
「役者大鑑」（元禄五年）（『歌舞伎評判記集成第一巻』岩波書店　一九七二年）
鳥越文蔵『元禄歌舞伎攷』（八木書店　一九九三年）
服部幸雄『江戸の芝居絵を読む』（講談社　一九九三年）

元祖モバイル広告

――江戸・駿河町からの発信

広告の手法はいまや大きく様変わり。車体に商品のコマーシャルを描いて走るラッピングバス、電車の中吊りポスターや車内広告をすべて同一内容で埋め尽くすいわゆる電車ジャック等が登場して何年にもなるが、現在は紙媒体を減らして車内ドア上に動画広告やニュースなどの映像情報を流すことが主流になりつつある。人々の行動力が高まるにつれ確かにスマートホンなどモバイル（移動体）系へと広告は動き出している。

江戸時代、大坂や江戸といった消費都市では商品の売れ行きを良くするためにさまざまな広告が誕生していた。「土用丑の日」や歯磨粉のコピーで知られる平賀源内、家業の煙管や煙草入れなどのデザインも手がけた山東京伝、化粧水「江戸の水」の宣伝に余念がない式亭三馬など、当時の戯作者たちは先頭にたってその能力を競いあっていた。

東海道の起点、日本橋に近い駿河町の賑わいは版画にも残されているが、一六八三（天和三）

年、その駿河町に開店した三井呉服店（越後屋）は「呉服物現金安売無掛直」というキャッチ・コピーを、「引札」つまりいまでいうちらし広告を使って宣伝を開始した。有名な「現金掛け値なし」の商法である。来店のうえ現金払いなら掛値なく安価でサービスするというもので、この新機軸はたちまち評判となり売上高が急増したのである。

そしてもうひとつ注目されるのが「貸し傘」戦略。にわか雨や梅雨時に困っている顧客に提供したサービスで、「どうぞ」と差し出された雨傘（唐傘）を開いてみると「越後屋」の名前が目立つ仕組みである。雨傘をさして歩けばまさにモバイル広告そのもので、顧客もお店もともにメリットがあるという実に優れたアイディアであった。

「誹風柳多留」に記された当時の川柳には、

「江戸中を越後屋にして虹がふき」

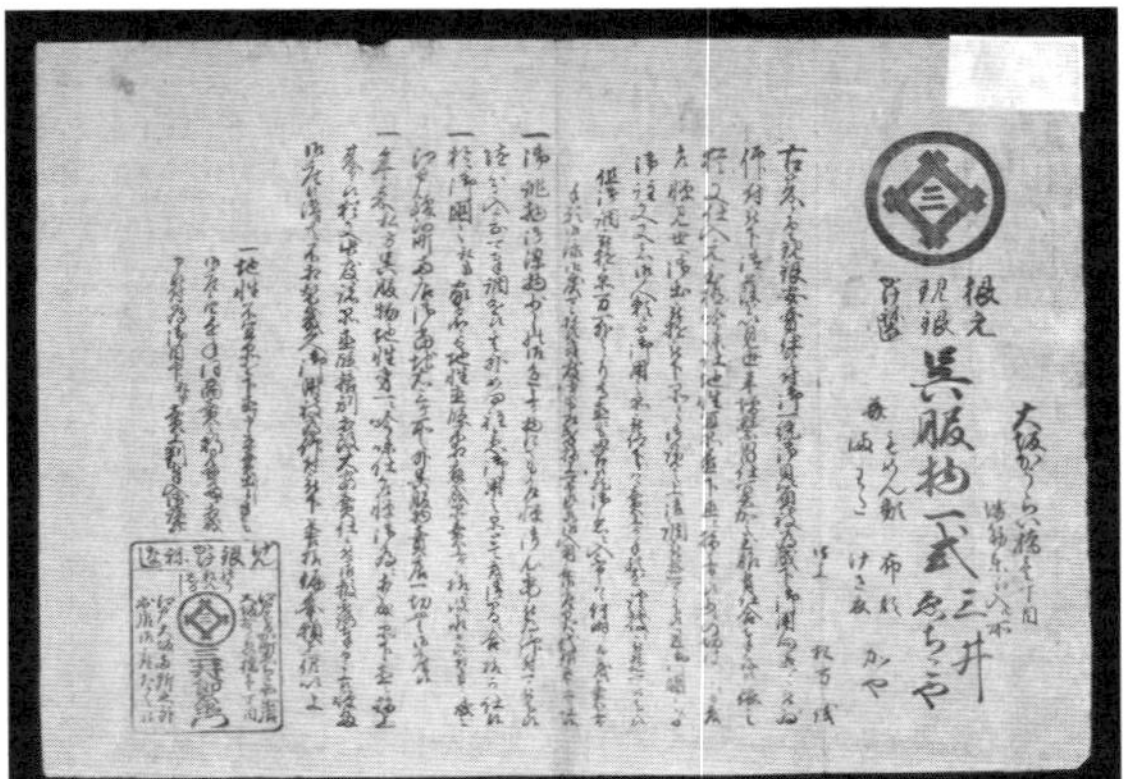

引札「根元現銀かけ値なし」アドミュージアム東京蔵

「越後屋の愛想になる雨がふり」
「駿河町とあるのがわたくしが（＝の）傘」

などとあり、その光景が眼に浮かぶ。

今でもデパートの包み紙や手提げ袋には持ち歩きによる広告効果があるわけで、これも同じ系譜にあるといえよう。ラッピング（包装）に表現された美的感覚は日本人の感性にフィットするのであろうか。

井原西鶴はこうした三井呉服店の商法を早速「日本永代蔵」（一六八八〈貞享五〉年）のなかに書き残している。四十人を超える店員が羽二重や毛織物などを一人ずつが担当して即断即決、急ぎの羽織などは数十人の仕立て職人が待機して即座に仕立てあげる手法はまさに顧客優先そのものだと述べ、「さによって家栄え、毎日金子百五十両づつ、ならしに（平均）商売しけるとなり。世の重宝是ぞかし」と結んでいる。いくらビジネス・モデルが優れていても広告なくしてはシナジー（相乗）効果

歌川広重「東都名所　駿河町之図」に描かれた三井越後屋
山口県立萩美術館・浦上記念館蔵

は発揮できない。印刷や放送はもとよりインターネット、モバイルと多様化するメディアの特性を生かした現今のビジネス展開、いわゆるメディア・ミックスの手法はこうしたところから生まれてきたにちがいない。

参考　中田節子『広告で見る江戸時代』（角川書店　一九九九年）

貸本屋「大惣《だいそう》」

――レンタル・サービスの系譜

印刷メディアを代表する書籍。木版印刷が中心の江戸時代には出版部数は限られ、一千部を超えればベストセラーといわれた。もちろん新刊書を購入できる層は限られていただけに、一般庶民をはじめとする読書好きは各地に散在する貸本屋の活動によって支えられていた。幕末の江戸で貸本屋組合に加入していた者は七百人近くにおよぶといわれ、貸本屋の多くは書店も兼ね、貸本の読者からの見料（借り賃）などで成り立っていた。数人に貸せば元が取れる仕組みで、「レンタル・サービス」の仕組みとしては店先で貸すか、店員が書籍を背負って一軒ずつ得意先を巡回する宅配方式かのいずれかであった。

なかでも資本屋の老舗として有名な名古屋の大野屋惣八こと貸本屋「大惣《だいそう》」は、一七六七（明和四）年の創業以来、一八九九（明治三十二）年に廃業するまでのおよそ百三十年間、多くの読書人に書籍を提供してきた。少年時代近所に住んでいた明治の文人・水谷不倒が父親の影響で「大惣」に通っていたことはよく知られており、尾張藩士の子で後に作家・評論家として活躍する坪内逍遥も「大惣」が蔵する戯作文学の虜《とりこ》となっていた。もともと「大惣」は酒屋や薬屋を営んでいたが、書物好きの三代目惣八の代に蔵書が急増、貸本屋の経営に乗り出したのであった。二万部を超える蔵書のなかで多いものは、洒落本、草双紙、人情本など小説が中心であり、山東京伝《さんとうきょうでん》、曲亭馬琴《ばきん》、十返舎《じっぺんしゃ》一九などがよく読まれ、軍書、軍談、騒動物、浄瑠璃本などがそれに次いでいた。「絵本太閤記」や「新編水滸画伝」「椿説弓張月《ちんせつゆみはりづき》」「忠臣蔵」など人気の絵入り本は引く手あまたで予備の部数が用意されていた。

十九世紀半ば、為永春水《ためながしゅんすい》の「春色辰巳園《たつみぞの》」には、書籍を背負って宅配する資本屋の甚吉と借り手とのやりとりがシンボリックに描かれている。

「ヲヤ甚吉さん、久しぶりだの。何ぞ新板《シンパン》（＝新刊）が有るなら貸《か》りようじやアねへか」「へイそれは難有《ありがた》う」ト格子をあけて荷を下し（中略）貞操婦女《おんな》八賢誌《はちけんし》といふ、絵入読本をいだし、「これ

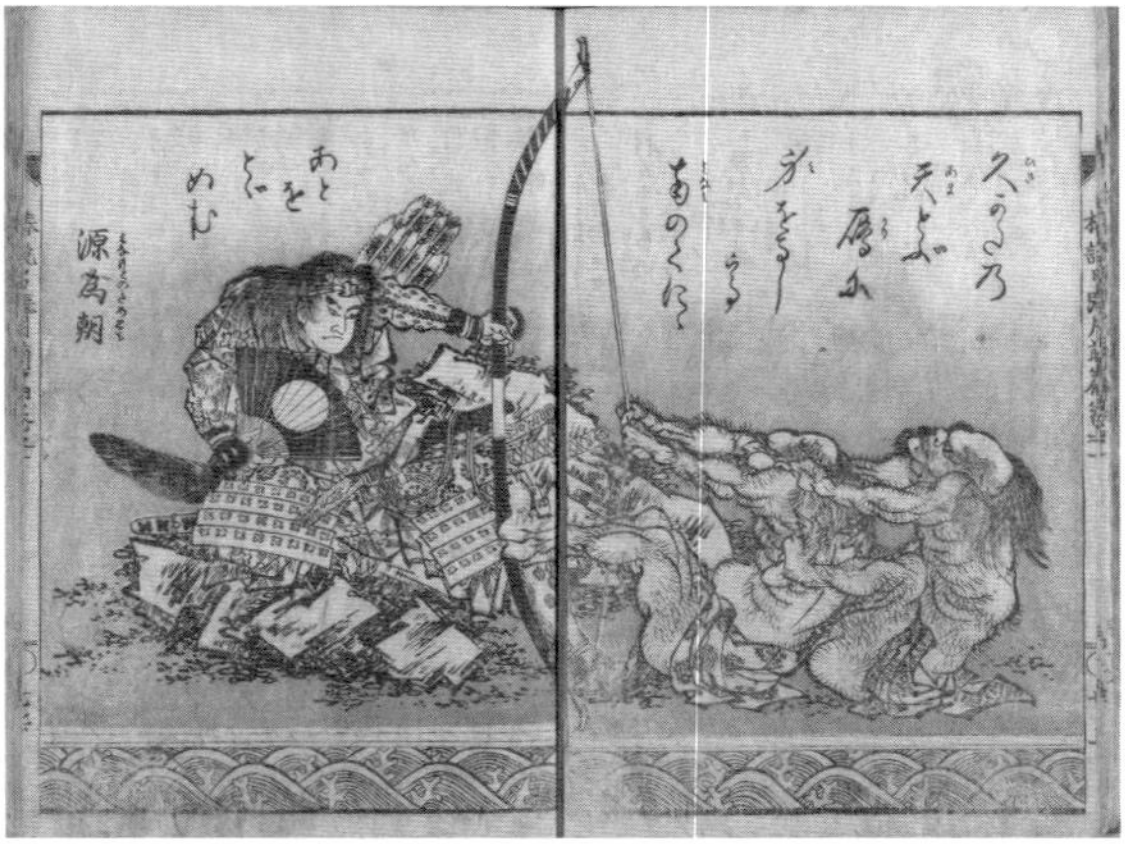

曲亭馬琴「椿説弓張月」国立国会図書館蔵

が評判のい丶新板でございます」「さふかへ、だれが作だへ」ト作者の名をよみ貌《かお》をしかめ、「イヤ、私《わちき》やア、この狂訓亭といふ作者はどふも嫌ひだヨ」

評判の書を読む楽しさと本屋の来訪を待つ人々の気持ちがよくでているが、ちなみに狂訓亭とは春水自身のことである。新しい話題を求める借り手の芸者衆はおそらく上得意であり、売れ筋の新刊書籍は読者にとって時代の風を知る貴重な情報源であった。一方、貸本の宅配にあたる甚吉たちは読者の嗜好を知るアンテナの役割を担っていた。

「大惣」の蔵書の多くは先述のように小説や絵入り絵本などのビジュアル系であったが、宗教や哲学書、医書のほか名所図会といった地理書や漂流記、画譜、さらには茶道、華道、料理など趣味の書まで用意され、娯楽から人生訓まで生きるために必要な幅広い文化が集積されていた。現代のように図書館の無い時

為永春水「春色辰巳園」に描かれた貸本屋　国立国会図書館蔵

代、「大惣」は安価な見料で書籍を流通させ、いわば当時のデジタル・デバイド（情報格差）解消にも一役買っていたといえる。

昨今、若者の文字離れが続くなかで出版業界ではオンライン書店や電子出版など新たな方向が模索されているが、片や公共図書館を活用しようという人たちも増え、一千万冊を超える図書をはじめ新聞雑誌等を含めると四千万点の蔵書資料等を有する国立国会図書館ではすでに自宅からのインターネットによる検索は勿論、著作権を終えた資料の閲覧、コピー・サービスが可能となっている。江戸時代の「貸本のシステム」はいわば現今のレンタル・ビデオ事業の先駆として「レンタル・サービス」という新たな流通手法を開拓することで庶民の読書欲を効果的に満たし、リテラシー能力の向上に大きく寄与したのであった。

参考　長友千代治『近世貸本屋の研究』（東京堂出版　一九八二年）
安藤直太朗『貸本屋大惣の研究』（安藤直太朗先生古稀記念出版会　一九七三年）

「六十余州名所図会」

——旅のイメージを作る

薩摩半島の南端にある名峰開聞岳《かいもんだけ》、そこから枕崎を経て西岸を少し北上すると坊津《ぼうのつ》の町がある。古くから九州博多の津、三重の安濃津《あのつ》とともに日本三津《さんしん》の一つとして数えられてきた港で、一二五〇年前の奈良時代、唐招提寺の開基となる中国・唐の鑑真和尚が上陸した地点として知られ、西南地域との貿易拠点としてまた漁業の基地として発展してきた。リアス式海岸でもある坊津の入江には高さ三〇ｍほどもある剣のように尖った岩柱が二本そびえたち、見事な景勝を作り出している。この景観を描いているのが歌川広重「六十余州名所図会」にある「双剣石《そうけんせき》」の画である。

古くから日本各地にはさまざまな名所旧跡が残され、多くの人々の目を楽しませてきた。一八五六（安政三）年、目録とともに完成した「大日本六十余州名所図会」（越村屋平助版）は広重が彫師たちと協力して作成した浮世絵による日本全国の名所図会である。全国六十六州と壱岐、対馬を加えた各地の名所を描いたもので全部で六十九枚、北は陸奥の松島、出羽の最上川から南は薩摩の坊津に至るまで、微に入り細にわたり的確に描いている。「双剣石」の図もその一つである。

「松島」では標高一二五mの富山から松島を一望、見事な鳥瞰図となっている。このほか阿波の鳴門では渦潮の描写に苦労の跡がしのばれ、越中富山では神通川にかかる数十艘の船をつないで設けた船橋を描いている。「東海道五十三次」以来「名所江戸百景」など街道や江戸の風景を中心に景観描写に専念してきた広重には日本各地の名所への好奇心が満ち溢れていたに違いない。

江戸時代も後期になると、伊勢参りをはじめ各地を旅したいという欲求は多くの人々の間で高まってい

歌川広重「六十余州名所図会　薩摩　坊ノ浦双剣石」（1856年）国立国会図書館蔵

双剣石（筆者撮影）

た。江戸の版元たちもこうした動向を察知して「六十余州名所図会」を企画したはずである。宿駅や水運業の発達、参勤交代や文人墨客の移動、富山の薬売りのような営業活動など様々な形で人の移動とそれに伴う情報の流通が進んでいったものと思われる。現代のように航空機や新幹線がない時代、旅に要する日数や費用は莫大で簡単にことは運ばない。広重自身も六十余州を実地に見聞することはまず不可能であった。

それでは広重は「六十余州名所図会」をどのようにして描いたのであろうか。勿論写真もない時代である。当時、岡山出身の旅絵作家、渕上旭江《ふちがみきょっこう》（一七五三～一八一六）が二十余年にわたり諸国を遍歴して風景描写を行っており、「山水奇観《さんすいきかん》」（一八〇〇～〇二）としてまとめ上げている。広重はこの中から二十数枚の図絵をもとに制作しており、その点原画の盗作ではないかという指摘もあるが、例えば「山水奇観」の「薩摩坊津其二」と比べてみると広重の作品では視点を低くして二つの巨岩が眼前にそびえたつように描き、その豊かな想像力と感性が見事にマッチして独自の個性をもった浮世絵となっている。逞しいイメージによる独創的なアレンジ力である。坊津の風景は地元島津家による「三国名勝図会」（一八四三〈天保十四〉年）にも組み込まれ、現在、南さつま市が提唱する「南さつま海道八景」にも引き継がれている。「江戸名所百景」の成功を受け、対象を全国に広げたその姿勢は「日本全図」（一八二一〈文政四〉年完成）を作成した伊能忠敬たちの想いと軌を一にするものであったのかもしれない。芭蕉以来多くの人々がかきたてられた旅心や各地に点在する名所への想いを制作サイド（書肆＝出版元）も読み取り、十分な需要を見込んでいたに違いない。

広重は「東海道五十三次」の中で今も人気がある「庄野」の夕立や、雪晴れのすがすがしい「亀山」など、春夏秋冬、季節の特徴をおさえ自然に溶け込み詩情に訴える画面処理は見る人をあたかも旅に出かけたような気分に引きずり込んでいく。イメージ処理の天才である。未知の世界への好奇心こそ江戸時代の原動力であり、いまでいう「世界遺産」のように名所旧跡を通じて他国の姿に触れ、互いにその体験を語り合う。「見たい」「知りたい」という欲求がコミュニケーションをより深いものにしていったのであろう。広重の作品はいわばその触媒であったといえよう。

江戸時代後期、街道や港湾が整備され、交通手段（トランスポーテーション）が確立していくなかで情報が全国を水平に移動し伝播していくシステムが形成されていったが、「六十余州名所図会」というコンテンツはそれを支える一つであり、幾度でもコピー（複製）が可能な浮世絵は廉価で大量に流布するという意味でマス・コミュニケーション・メディアとして大きな役割を果たしていた。旅の楽しさは後に「道中双六」など娯楽を兼ねた遊びのなかにも引き継がれ、現代のナビゲーション技術へと発展していくこととなる。

「時間」と「空間」の広がりによる「コミュニケーション」はここに大きく飛躍する。広重や北斎といった浮世絵師たちと彫師や刷師との共同作業をつなぎ、販売も手がける蔦屋重三郎などといったプロデューサーたちの役割も見逃せないが、人々の心をとらえた花鳥風月に代表される詩的感性がこれらを奥底で支えていたのである。

参考『広重六十余州名所図会』（岩波書店　一九九六年）
大久保純一『広重と浮世絵風景画』（東京大学出版会　二〇〇七年）

かわら（瓦）版

――マスコミへの道

地震が発生すると直ちに津波予報などの関連情報がテレビ・ラジオを通じて緊急に伝えられる。地震・火山多発国の日本には災害報道の長い歴史がある。それもビジュアルに伝えられてきたところに特色がある。有名な一七八三（天明三）年の信州・浅間山噴火では山麓の村々が溶岩に埋もれる大惨事となったが、その模様はいちはやく伝えられ、さまざまなイラスト情報がメモや冊子として記録された。また一八三三（天保四）年の美濃地震では倒壊した家屋や道端に横たわる死傷者の姿が簡潔なスケッチで残されている。

こうした刷りものによる情報は一般に「瓦版」と呼ばれ、小野秀雄氏の研究などを契機に注目されるようになった。「瓦版」といっても「瓦」を用いて印刷するわけではない。京都の「四条河原」にちなむという説や土石に彫って刷成したからなど諸説があるが、多くは木版によりコピーされ全国各地に流布していたようである。古いところでは一六一五（慶長二十）年、大坂城攻撃の図を描いた「大坂安部之合戦之図《あべのかっせん》」「大坂卯年図」が有名で、豊臣氏に対し徳川方の藤堂高虎らの軍勢が包囲している様はどちらが優勢かが手に取るようにわかる。後年の作という説もあるが、「見てきたように」描くところがマスコミの魁《さきがけ》らしいところでもある。

一六五七（明暦三）年の振袖火事をはじめ度重なる江戸の大火は巨大密集都市の住民生活に直結するだけに近隣の人々も含め多くの人々が詳細を知りたかったに違いない。本郷の火災（一八四六〈弘化三〉年）では「親子離れ離れになりて泣き叫ぶ声、げに目もあてられぬ（中略）見るにつけても朝夕火の用心を大切にしたまふべし」と結んでいる。一八五六（安政三）年、江戸を襲った風水害では著名な作家・仮名垣魯文《かながきろぶん》がこれを取材、翌年イラスト入りの「安政風聞集」にまとめている。災害のほか心中ものや敵討ちなど人情がらみのゴシップも数多く、なかでも仇討ちは武士社会の倫理観に結びつくものだけに関心が高く、有名な「研辰（＝研師《とぎし》辰蔵）の討たれ」（一八二七〈文政十〉年）では「強を悪《にくみ》て弱を愛するハ天のたすくる所なり（中略）よろめく所へ兄弟付入て終にめで度《たく》

「大坂安部之合戦之図」
東京大学大学院情報学環蔵

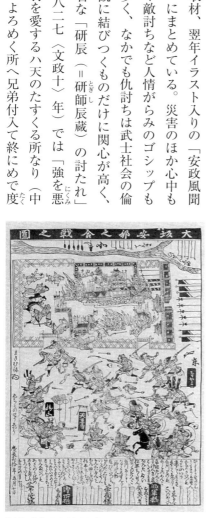

敵《かたき》をうち玉ふ」と伝えている。世人が気にしている事柄、とりわけ不確かな情報ほど（不穏騒動等）拙速であれ「只今」の状況をいち早く読者は知りたかったのである。武士はもとより町や村に在住する庶民にとっても気になるところであり、庶民の目線に沿った記事が目立ってくる。

幕末になって海外新聞の影響を受け各種の情報紙が発刊され、やがて政論中心の大《おお》新聞や庶民を対象にした小《こ》新聞（後の読売、朝日紙等）、キャンペーン新聞などマスコミ的様相が展開していく。「上意下達」の伝達システムが長かっただけに、「無冠《むかん》の帝王」「社会の木鐸《ぼくたく》（＝木製の鈴、人々を導く）」などと称された専門の記者たちは「公」「私」にわたる情報の発掘・取材に力を注ぐこととなった。その後新聞の「速報機能」はラジオ・テレビの出現によって薄れつつあるが、「記録性」という印刷メディアの利点を新しい通信技術を生かしてどう強化するかが課題となっている。

ネット時代になってだれでも情報を自由に発信できるようになり、マスコミの原点である「かわら版」の精神が新しい形で脈打ちはじめているが、それだけに発信者も受信者も「ほんもの」の情報を見抜く力が必要となっている。

参考　小野秀雄『かわら版物語』（雄山閣出版　一九六七年）
太陽コレクション『かわら版・新聞』（平凡社　一九七八年）

Ⅲ　「学び」のコミュニケーション
～スキルを磨く～

黄葉夕陽村舎《こうようせきようそんしゃ》・廉塾《れんじゅく》

――詩人・菅茶山《かんちゃざん》の試み

山陽新幹線・福山駅から福塩線でおよそ十分の神辺駅、そこから十五分ほど歩くと旧山陽道沿いに今も江戸時代の面影を残す宿場本陣がある。そのすぐ傍にひっそりと当時の佇まいを残しているのが私塾「黄葉夕陽村舎《こうようせきようそんしゃ》」、後に福山藩の郷校となった「廉塾《れんじゅく》」である。儒者で詩人でもある菅茶《かんちゃ》山《ざん》がこの塾を開設したのは一七八一（天明元）年、三十四才の頃である。

彼は造り酒屋の息子に生まれ、医学や漢籍に親しめる環境にありながら素行不良の時期を経てたびたび京都に遊学、そのなかで故郷の退廃ぶりに驚き、自分が「学種」（＝学問の種）を播くことで地域が立ち直ることができるのではないかと開塾したという。二、三十名ほどの塾生には福山藩外の者も多く、「朝夕は茶漬け、昼食に茄子汁等、月々三四度雑肴などを購入」という寮生活に耐えながら二、三年にわたって学習を続けていた。福山藩の郷校となり補助金が得られるようになっても経営は楽ではなく、講舎の入口には畑や養魚池を設け、共に生活の糧を得る努力もしていた。

教育の中心は、「中庸」「論語」「孟子」「詩経」「礼記」といったいわゆる四書五経の素読講釈、輪講、詩文会などで、講師を頼山陽や北条霞亭などが受け持ったこともある。今も講舎の縁側に残る手水鉢には「荀子《じゅんし》」の一節「水は方円の器に従う」の意を受けて円形と正方形の器が並んでいる。「教育によって人は丸くも四角くもどのような形にでもなるのだ」という彼の持論を象徴したもので、静かに書物を読み、予習復習を心がけ、規律正しい生活を送ることを塾生に求めていた。時には気分転換をかねて皆で景勝の地に遠出し詩や文章を創らせているが、恐らく自らの「心」をどう表現し鍛えていくかといういわば「詩人の魂」を塾生に伝えたかったのであろう。

一八一四（文化十一）年、江戸に赴く途中、茶山は夜通りかかった岡山近郊の村での印象を次のように漢詩で表現している。

何村農事不忽忙《そうぼう》　何れの村の農事か忽忙ならざらん
最是辛勤《しんきん》在此郷　最も是れ辛勤　此の郷に在り
数處松明《たいまつ》明且暗　数処の松明　明るく且暗し
女兒歌笑夜分秧《おう》　女児　歌笑して　夜秧（＝稲の苗）を分つ

旧廉塾の外景（筆者撮影）

ここには村人の目線で人間の生きざまを捉えようとする彼の姿勢がうかがえる。

漢詩人として名声の高かった茶山は、大原呑響《どんきょう》（東北出身・画家）や伊沢蘭軒《らんけん》（福山藩医師・儒学者）、大槻玄沢《げんたく》（東北出身・蘭学者）、太田南畝（江戸・狂歌師）、中井履《り》軒《けん》（大坂・儒学者）など全国各地の著名な儒医文人たちとのネットワークを築いており、時には中国地方を測量中の伊能忠敬が訪れるなど「情報の拠点」として機能しつつ、江戸や上方あるいは神辺の地において彼らとの「魂のふれあい」に努めていた。

「水は方円の器に従う」の故事にちなんだ丸と四角の手水鉢（筆者撮影）

社会をありのままに捉える茶山の写実精神は黄葉山を望む農村の暮らしのなかで育まれ、日常の些事をしっかりと見つめ淡々と伝えていく能力を塾生の身につけさせようというものであった。彼はそのエネルギーを各地の文人たちとの交流から得つつ、幕末の退嬰的な社会を何とかしたいという想いを詩と塾に注ぎ込んだのであろう。弟子たちはやがて各地でリーダーとして活躍していった。幕末、全国で千五百を超えたといわれる私塾には広瀬淡窓の咸宜園《かんぎえん》（豊後・日田）のように組織的で精緻なカリキュラムを備えた塾もあったが、次代を担う若者を育てたいという意気込みはいずこも同じであった。

参考　富士川英郎『菅茶山』（日本詩人選　筑摩書房　一九八一年）

「和俗童子訓《わぞくどうじくん》」

――貝原益軒のリテラシー論

「養生訓」や「女大学」の著者として知られる貝原益軒（一六三〇～一七一四）は、筑前福岡藩士の家に生まれ、名は篤信、はじめ損軒と称していた。京都に遊学、朱子学や本草学を学んだ後、「大和本草」などの著作に取り組むが、有名な「楽訓」「大和俗訓」「養生訓」などといったいわゆる「益軒十訓」の大半は引退後の七十～八十代になって著されたものである。それだけにこれらの書には彼自身の生活体験にもとづいた人間観、そのもととなるコミュニケーション観が平易な文章で語られている。

そのひとつ、益軒八十一才の書「和俗童子訓」（五巻、一七一〇〈宝永七〉年）は、「総論」「年齢に応じた教育法」「読書法」「手習法」「女子教育法」（後に「女大学」として独立）を内容とする教育啓蒙の書で、いわば「リテラシー（＝読み書き能力）向上の極意」が述べられている。しかも彼が大切だと考えていたのは家庭や社会が子どもたちの早期教育をどれだけバックアップできるかということであった。子どもたちの遊び心や武芸・芸能などの習い事は当然としながらも、心身の発達にあわせてコミュニケーション能力を早期に形作るためには両親の厳しい愛と優れた師や友人が不可欠だとしている（口絵参照）。

「文字」の理解と表現力、これこそが人と人とのコミュニケーションの基礎だと彼はいう。「文字を知らざれば、すべて世間の事に通ぜず、芸など習ふにも、文字を知らざれば其理に暗くして、ひが事（＝不都合や間違い）多し」。書物に接する心構えが大切なのはいうまでもないが、読み方については「いそがはしく、早く読むべからず。詳緩《ゆるやか》に之を読みて、字々句々、分明なるべし。（中略）必ず心到り、眼到り、口到るべし（中略）心ここにあらざれば見れども見へず、心到らずして、みだりに口に読めども、覚えず。（中略）一書熟して後、又、一書を読むべし」と述べ、「少しずつ教え、読み習うことをきらはずして、すき好むやうに教ゆべし」と子どもの気持ちに配慮している。かくして日常使う文字を中心に、十干十二支、時刻・季節、日

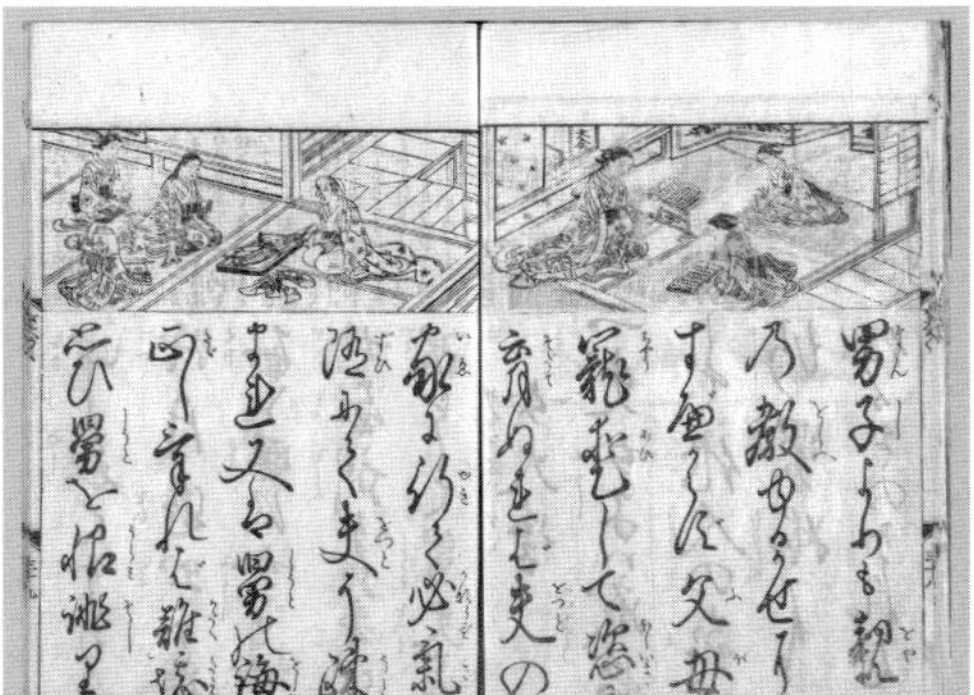

「女大学」（1848年）国立国会図書館蔵

本の地誌歴史、動植物名、人倫、四書五経などが教材として提示される。特に手習（習字）は自らの気持ちを他人に伝えるために重要であり、幼少時にその力を養っておくことがお互い意思の疎通をはかり社会を生き抜いていくために必要なのだ、と益軒は痛感していたに違いない。

もうひとつ、読書や手習とともに益軒が注目したのは「算数」であった。「算数を知らずしてわが財禄の限りを考へず、みだりに財を用ひつくして、困窮にいたるも、又、事にのぞみて算を知らで、利害を考る事もなりがたきは、いとはかなき事也」、つまり算数なくしては治者は年貢の収納がおろそかになり庶民は商売もできなくなる、生きるために算数は欠かせないのだという。まさに実用性を重視した現実的な教育論が展開され、「読み・書き・算盤《そろばん》」といわれるこの時代のリテラシー教育の要諦を的確に指摘している。

「貝原益軒肖像」国立国会図書館蔵

もちろんリテラシーの能力を高めるだけが益軒の目的ではなかった。生きていくのに必要な知恵として人と人とのコミュニケーションを円滑にするための「礼儀・作法」が前提となっていた。「君臣、父子、夫婦、兄弟、朋友」という「五倫」の人間関係と「仁・義・礼・智・信」のいわゆる「五常」の精神が重視される儒教的時代思潮のなかで、益軒はヒューマン・コミュニケーションを確立するために「礼儀・作法」の重要性を度々強調している。旅を好み幾多の旅行案内書を著し、医学啓蒙書も執筆するなど時代の動向に敏感なジャーナリスト的感性を持つ益軒は、次代を担う子どもたちに「最低限これだけは」、という想いがあったのであろう。少子化時代を迎え、教育のあり方が問われている現在、益軒の趣旨を現代的視点からもう一度噛みしめてみる必要があろう。

参考　貝原益軒『養生訓・和俗童子訓』（石川謙校訂　岩波文庫　一九六一年）

「算額《さんがく》」に競う
——庶民が読み解く和算の心

栃木県佐野市の星宮《ほしのみや》神社に日本最古といわれる算額が奉納されたのは一六八三（天和三）年の夏、当地出身で江戸在住の村山庄兵衛吉重によってであった。日常生活に関係のある算数・数学に関する問題や解答を掲げその解法を問うという算額は神社仏閣に奉納されることで多くの人々の目に触れ、知的好奇心を刺激してきた。こうした問答はその後各地で行われ、研究者の調査によれば東北地方から九州地方にかけて現存する算額の数は八百面を超え、江戸時代のものはおよそその半数で幕末が多く、資料等に残るものを含めると千数百面におよぶという。

さて、星宮神社の算額に掲げられた四題の第一問。底辺の幅が六間で上部の幅三間、底辺の長さ八十間、高さ四間の台形の堤を築くのに二千八百八十人を雇ったとして何日かかるかを問うもので、一人一日あたり八里を歩く……などといった条件を設定したうえで、答えは五日四時三分余という。最後の第四問は直角三角形の内接円の直径などを問うもので、答えは示さず解答を求める「遺題」の形となっている。いずれも高度な算術が求められている。

江戸時代の数学は中国の「算法統宗」などの書籍の影響を受け、吉田光由《みつよし》（一五九八～一六七二）らがこれに取り組んだ。土木事業や貿易業で知られる角倉了以《すみのくらりょうい》の縁者でもあった彼は「塵劫記《じんごうき》」を著している。内容は多岐にわたるが、例えば九九や米の売買値段、両替や利息の計算、船賃、検地と物成の計算、屋根の葺き板、勾配の計算、河や堀の普請にともなう計算、さらには鼠算など生活に根ざした数学とでもいうべきもので構成され、ベストセラーともなった。続いて十七世紀から十八世紀にかけて和算の祖といわれた関孝和が登場、暦学にも関心を持つ彼はいわゆる関流を創始、方程式や面積、体積などの解法を著したりしている。こうして高度な数学に興味と関心をいだく人々が各地に生まれていった。

現存する中で日本最古の「算額」が奉納された星宮神社（栃木県佐野市）（筆者撮影）

星宮神社（筆者撮影）

埼玉県の川越では八十面以上の算額が確認されているが、川越藩士や村名主などが関流を中心に和算に取り組んでいた。一八一一（文化八）年、氷川神社に奉納された算額には村名主を務めた奥貫五平次らの名があり、四つの問題とその解答が記されている。一つは下図のように直角三角形に外接する円に江都、大坂、京都と名づける円を描き江都の直径を十五寸とするなどの条件を設定、大坂、京都の直径を求めるもので、答えはそれぞれ三寸、六寸であるという。他の問題は四角錐の縦、横、高さを求めるものや、円錐台から正四角錐を取り去った立体の体積を特定し円錐台の上底、下底の直径などを求めるというものなどで、いずれも図形を中心とした幾何学的な問題が多く難易度もかなり高い。

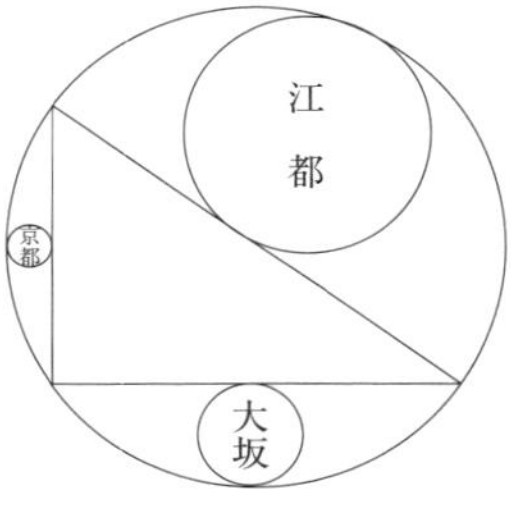

このように算額で提起された問題について地域によっては解答の正否をめぐり条件の解釈も含め議論が起こることも多く、和算家の存立をかけての競い合いとなる場面もあり、それがまた和算に取り組む者の誇りを刺激したのであろう。数学教育の仲田紀夫氏は、実学的なものを好む土壌がこうした数学への関心を加速させ各地に広がっていったので

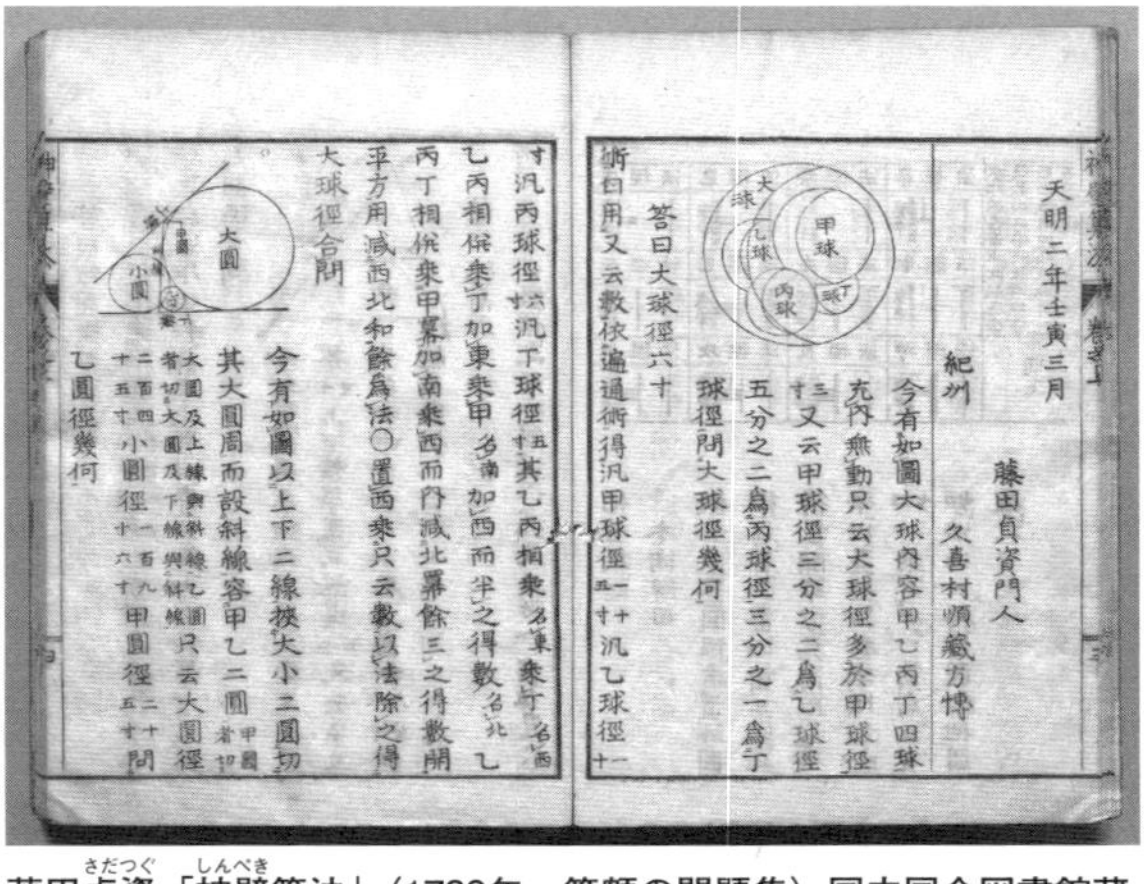

藤田貞資《さだつぐ》「神壁《しんぺき》算法」（1789年　算額の問題集）国立国会図書館蔵

はないかと指摘している。

昨今、青少年の数学力低下が云々されているが、江戸時代の数学に関する知的好奇心の高さには驚くべきものがある。自らの学力を披瀝し神仏の前で剣道の真剣勝負の如く公開討論が各地で行われていたことは学力の研鑽やその標準化におそらく寄与したのであろうし、誰もが参加できるところにその面白さがあったのであろう。一六九一（元禄四）年、京都の八坂神社に掲げられた算額にも「我数学の祈願のためにもなれかし」とその気持ちが述べられているが、自由に発想できる数学の楽しさをいまいちど江戸時代に学びたいものではある。

参考　三上義夫『文化史上より見たる日本の数学』（佐々木力編　岩波文庫　一九九九年）
『川越の算額と和算家』（川越市立博物館　二〇〇三年）
深川英俊『例題で知る日本の数学と算額』（森北出版　一九九八年）

遺訓＆家訓

――人生のノウハウを伝える

先祖や自らが築いた成果を子孫に継承させ繁栄してもらいたいという欲求はいつの世も変わらない。三人の子どもたちに「三本の矢」にたとえてその結束を説いたという戦国大名毛利元就《もとなり》の遺訓は有名であるが、藩主を中心とする武家の遺訓や商家などの家訓には「生きるノウハウ」が凝集され次代に継承されていった。なかには近代社会になって企業の社訓といった形で引き継がれたものもあるが、江戸時代の武家や商家ではどのようなノウハウを伝授しようとしていたのかその一端をみてみよう。

まず基本はその時代の社会の仕組みに順応して生きていくことである。藩主の場合、幕府への忠誠心が求められるのはいうまでもないが、まずは家臣を統率し軍団組織を維持し、年貢などの財政基盤を確保することである。戦国大名で戦費の捻出に苦労した薩摩の島津義久は「民の飢寒を思い、苦悩貧富を知るべし」「民の利を先として、己の利を次にすべし」とその苦労を滲ませているが、福岡藩の基礎を築いた黒田如水《じょすい》（孝高《よしたか》）も「神の罰より主君の罰恐るべし、主君の罰より臣下百姓の罰恐るべし」と述べ、「神の罰は祈れば済む、主君の罰はお詫びをすればよい、臣下百姓にうとまれては必ず国家を失う」とそのゆえんを説明、「私心なく、万民の手本になるべし」と力説している。その子長政（福岡藩主）も「掟書」に「慈愛を旨として、人をあはれみ恵む事肝要也」と記し父の志を継いでいる。「奉公の道、油断すべからず」と述べた肥後の加藤清正は「衣類に金銭をかけず」「兵書を読み、忠孝を心がけることが大切である」と「武」に徹していた。このように幕府草創期、戦功によって自らの地位を築いてきた者の人生観は極めて個性的で家訓にも独自の色合いが浮かんでくるが、同時に普遍性に満ちたものであったことがわかる。

一方、「情報認識」という観点からみてみると、島津義久は「讒言《ざんげん》と讒訴《ざんそ》（＝悪口をいう）とを用《もちう》へからず。虚言中言（＝告げ口）を信用すべからず」「人の耳は壁につく事」「利口（＝巧みにいうこと）を云うべからざる事」と述べ、肥後の細川重賢は「大名は言葉少《すくな》なるを専にするが本意に候。多弁なる者は心底相知れ宜《よろし》からず候」と述べているが、いずれも自らの体験から

清正公銅像（熊本市）

会得したものであろう。また、「異見（＝異なった見解）」の効用を高く評価している大名が幾人かいるのも興味深い。紀州の徳川頼宣は「他人の異見によって本人が自然と良い方に向くのは望ましいが、自分が意見したから今回こうなったなどと自分を売りこむ者は最悪である」と断言、津の藤堂高虎は「悪しき友は何事も誉め、異見がましき事はいわぬ」と「異見」を受け止める度量を求めている。先の黒田長政は身分の大小を問わず自由に意見を述べ合う「話会」を月に三度開き、腹蔵なく話し合いその場限りという形での情報交換会を設けていた。これらはいかに正確な情報をトップが求めていたかを物語っている。

武士に限らず商人の場合も「御公儀よりの法度堅く相守り、御町内に対して無礼なき様、心得申すべき事」（近江八幡・市田家）とあるように社会の仕組みに順応しつつ生きていくことが前提であった。博多の豪商・島井宗室は「商い好きや律儀な人は良いが、心底悪しく文句を言う人とはつきあわず」「元手がある時に商売油断なく専ら稼ぐ」よう求めており、大坂の鴻池家では始祖の意を一門で受け継ぎながら「合議」により事業の透明性を高め、「諸方への対応など気付いたことは互いに遠慮せず申し出、改

近江商人の町並みが残る近江八幡市新町通り

善する」という考え方であった。名古屋の呉服商・水口屋では仕事の上下関係にある者が「一同に会し情報交換することは禁止」しており、ビジネス情報やノウハウ流出には格段の注意が払われていた。こうした「生きるためのノウハウ」はやがて「ビジネスのためのノウハウ」へと整理され、近代的な企業経営の社是・社訓として引き継がれていくことともなった。

参考　『家訓集』（山本真功編註　東洋文庫　平凡社　二〇〇一年）
『武士の家訓』（吉田豊編訳　徳間書店　一九七二年）
『商家の家訓』（吉田豊編訳　徳間書店　一九七三年）

緒方洪庵《こうあん》「適塾《てきじゅく》」

――若者の向学心

大阪経済の中心地、北浜の一角に今もひっそりと佇む二階建の町家がある。医者でもあり蘭学者でもあった緒方洪庵《こうあん》が開いた適塾《てきじゅく》である。洪庵の号、適々斎にちなんで名付けられたこの塾は一八三八（天保九）年蘭学塾としてスタート、七年後現在の地に移転した。福沢諭吉が入門するのはその十年後である。やがて塾頭となった彼は自叙伝「福翁自伝」のなかで適塾での勉学の様子を事細かに述べており、多少の誇張があるにせよ当時を知る唯一貴重な手がかりとなっている。

例えばこういう件《くだり》もある。「夕方食事の時分に、もし酒があれば酒を飲んで初更《よい》（＝宵）に寝る。一寝して目が覚めるというのが、今で言えば十時か十時過ぎ。それからヒョイと起きて書を読む。夜明けまで書を読んでいて、台所の方で塾の飯炊《めしたき》がコトコト飯を炊く支度をする音が聞こえると、それを合図にまた寝る。寝て丁度飯の出来上ったころ起きて、そのまま湯屋に行って朝湯に這入って、それから塾に帰って朝飯を食べてまた書を読む」。

塾生は蘭学の知識もなく入門するので、まず「ガランマチカ」（文法）と「セインタキス」（文章構成）の二冊を順に学習し、その後十数名で行う「会読《かいどく》」に参加する。数冊しかない原書を各自が筆写して「会読」の席で自らの解釈を説明する。塾に一冊しかない「ヅーフ」（オランダ語の辞書）を奪い合い、これを頼りに誰の教えも受けず自身の力で準備する。「会読」の結果次第でランクが昇級する能力別編成がとられており、意欲が追いつかず脱落するものも多かった。普段の塾生は、料理店から皿やお猪口《ちょこ》を無断で持ち帰ったり、役人の格好をして芝居の無料見物をして露見するなど幾多の蛮行も辞さず若者のエネルギーを発散していた。この点は後の全寮制旧制高校の姿を髣髴《ほうふつ》とさせるものがある。

幕末の同じ頃、関東では佐藤泰然《たいぜん》が和田塾、後の順天堂を開いており、九州・日田には伝統ある広瀬淡窓《たんそう》の咸宜園《かんぎえん》があり、全国の私塾は互いに特色を競いあっていた。蘭学は洋学や医学に接する要であるため多くの蘭学塾は藩校にはない熱気に満ち溢れ、文字という印刷メディアだけでの語学習得には限界があるものの、彼らの好奇心を育てるには十分であった。適塾にも全国各地から入門者が絶えず、現存する入門者の「姓名録」（二十年間）には六百人を超す名前が残ってい

大阪・北浜に残る適塾（大阪大学適塾記念センター）

る。橋本左内や大村益次郎、佐野常民《つねたみ》、長与専斎《せんさい》、箕作秋坪《みつくりしゅうへい》など日本の近代化に寄与した人材を輩出したほか、多くは各地で医学に貢献している。

「人のために尽す」ことをモットーとしていた緒方洪庵は、大坂の除痘館で天然痘予防のため種痘の接種に尽力しつつ、常時五十〜六十名といわれる塾生の賄いを含め塾の維持費捻出に苦労していたが、勉学については塾生の自主性にゆだねていた。適塾では幕府の考えに従い横文字の翻訳は禁止していたが、横文字の書籍を筆写することは高額のアルバイトでもあることから福沢らは諸藩の舶来書の写本作業は積極的に請け負っていた。塾での学習について福沢諭吉は江戸と比較しこうも述べている。「大阪はまるで町人の世界で、何も武家というものはない。（中略）それゆえ緒方の書生が幾年勉強して何ほどエライ学者になっても、頓《とん》と実際の仕事に縁がない。すなわち衣食に縁がない。（中略）しからば何のために苦学するかといえば（中略）西洋日進の書を読むことは日本国中の人に出来ないことだ。（中略）貧乏をしても難渋《なんじゅう》をしても、粗衣粗食、一見看る影もない貧書生でありがら、智力思想の活発高尚なることは王侯貴人も眼下《がんか》に見下すという気位《きぐらい》で、ただ六《むつ》かしければ面白い、苦中有楽《くちゅうらくあり》、苦即楽《くそくらく》という境遇」であり「立身出世や金儲け、美衣美食を追い求めてあくせく勉強しても真の勉強は出来ない」というのが結論であった。まさに「知る喜び」である。いまや大学全入の時代を迎え、高等教育のあり方が問われている。適塾で学んだ福沢諭吉らの若者の向学心とその気概をもういちど再認識したいものである。

参考　福沢諭吉『新訂　福翁自伝』(岩波文庫　一九七八年)
梅渓昇『緒方洪庵と適塾』(大阪大学出版会　一九九六年)

ライデンへの眼差し

——蘭学の終焉《しゅうえん》

チューリップと水車とチーズの国、オランダ。人口一七〇〇万人のこの国は早くから貿易などの商業活動に力を入れ、十七世紀にはインドネシアに東インド会社を設立し、イギリス、スペイン、ポルトガルをさしおいて長崎の商館を通して唯一日本と通商を行い、ヨーロッパの最新情報を送り届けてきた。首都アムステルダムから列車で南へ三十分、そこにひっそりと佇む運河と石畳の町ライデンがある。

今からおよそ百五十年前の一八六三（文久三）年、十ヶ月におよぶ苦難の旅の末このライデンにやってきた留学生達がいた。榎本武揚、赤松則良らの軍艦操練所の面々と、津田真道、西周といった蕃書調所の教員、伊東玄伯らの医師、それに職方と呼ばれる技術者たち総勢十五名、軍艦建造などを目的として徳川幕府が初めて海外に派遣した留学生たちである。欧米列強の進出に対し諸国の実情を自らの眼で確かめる必要性を感じた幕府はすでに一八六〇（万延元）年の遣米使節に続き、一八六二（文久二）年遣欧使節を派遣、オランダでも大歓迎を受けたが、この留学はその一年後の長期滞在型第一陣であった。当初幕府はアメリカに留学生を派遣しようとしていたが、南北戦争のさなか受け入れ不能となり、長年の友好国であるオランダに派遣することとなったのである。

羽織袴の紋付姿で大小の刀をさし、ちょんまげを結った異国の青年たちにオランダ人がフィーバーしたのはいうまでもない。人気タレント同様外出時には大勢の人たちがつき従うというなかで、彼らはデン・ハーグなど各地にわかれ自らの眼と肌で感じながら異国の文化や技術を学んでいった。

津田と西はライデン大学で経済学者フィッセリングの熱い指導を受け公法や経済など西洋の人文社会科学の基本を学び、明治維新後は啓蒙家、学者として法曹界・官界において指導的役割を発揮する。西周は「Philosophy（愛智）」を「哲学」と訳出したことでも有名であるが、その著「百学連環（Encyclopedia）」「覚書」には歴史、地理、哲学、心理、法律、産業、物理、化学など学術全般について彼が学んだことがらが師への想いとともに滲み出ている。

ライデン大学の佇まい（筆者撮影）

津田と西が志を抱いて二年を過ごしたライデン大学はオランダ最古の大学で一五七五年の創立、日本への関心も高くヨーロッパでいち早く日本学科を開設、現在百二十人の学生が学んでいる。ここには日本との関わりで見逃せないものがある。大学付属のシーボルト記念植物園である。周知のとおりシーボルトはドイツ人ではあったがオランダ商館の医師として一八二三年に来日、六年間の滞在中に長崎の鳴滝塾などで日本の若き医師たちを指導したほか日本の自然や文化について研究、精力的に資料収集を行った。その折持ち帰った植物はライデン大学の植物園に保存され、蔦や藤、栃の木、欅、鬼胡桃、桑、いろは紅葉、アケビなど十三種十六本が今も残されている。このほか米穀商人の家の模型や衣類、調度品、食器、櫛といった工芸品、鋤鍬などの農具など数多くの当時の日本の工芸品が貴重な日本研究資料としてライデンの国立民族学博物館に収蔵されている。

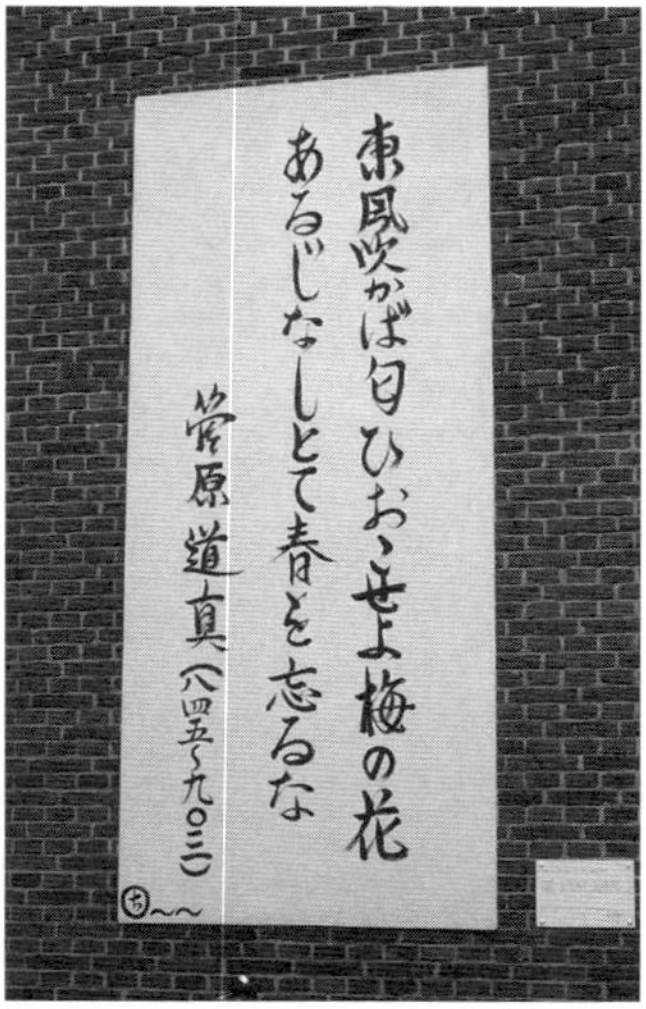

校舎の壁面に貼られた菅原道真の和歌（筆者撮影）

こうした日本贔屓のオランダに対して日本はその後どう向き合ってきたのだろうか。明治維新後の日本は欧米列強の中核をアメリカ、イギリス、ドイツと見定め、情報収集の源泉をオランダからこれらの国へと見事に方向転換する。二百年にわたるオランダとの関係は急速に減じ、例えば「蘭日辞書」は遂に一冊も存在しない状況となり、「オランダ語辞典」（講談社版）が発刊されるのは日蘭友好四百周年（二〇〇〇年）を目前にした一九九四年のことであった。とかく「自己中心的」になりがちな国際関係のあり方を考える参考としたい。

参考　宮永孝『幕府オランダ留学生』（東京書籍　一九八二年）
大久保利謙編『西周全集』第四巻（宗高書房　一九八一年）
『明治啓蒙思想集』（明治文学全集三　筑摩書房　一九六七年）

懐徳堂《かいとくどう》

――大坂町人と江戸との距離

商人の都といわれた大坂の町に学問研究を目指す「懐徳堂《かいとくどう》」が誕生したのは十八世紀のはじめ一七二四（享保九）年のこと、五人の町人たちの出資による。それは人間の生き方や身の処し方についての学問をするところであり、経済活動のいわば「志」をともに考えようというものであった。やがて公認の学問所となり、三宅石庵以来、中井甃庵《しゅうあん》、富永仲基、中井竹山《ちくざん》、履軒《りけん》兄弟さらには山片蟠桃《やまがたばんとう》といった著名な儒学者が中心になって後進の育成に努めてきた。流通経済の基地として発展していた大坂には西日本の文化・情報の流通拠点としての役割を果たしていこうという人たちがいた。詩歌を中心とした片山北海《ほっかい》の混沌社《こんとんしゃ》や博物収集家でもあった木村蒹葭堂《けんかどう》（V章参照）、戯作者としての上田秋成などがそれであり、東西を旅する人々が彼らのもとに立ち寄ることでさまざまな情報が流通するという役割を果たしていた。「懐徳堂」が学問という観点からそうした知的ネットワークのひとつとして機能しようとしていたことはいうまでもない。

そもそも「懐徳堂」とは文字通り「徳」を大切にする場所であり、その中核は儒学であった。しかし江戸時代中期以降、寛政の改革に代表されるように異学が禁じられ、朱子学が唯一正統的学問となるにいたって、「懐徳堂」もまた朱子学への傾斜を強めていく。「懐徳堂」を維持し発展させるという経営上の観点からも幕府という公権力のバックアップを期待する気持ちは強かったといえる。このことは一七八八（天明八）年、老中松平定信が来坂した折、率先してそのご下問に答えようとした中井竹山の態度にもみられよう。翌年社会の現状や財政施策など彼が提言した「草茅《そうぼう》危《き》言《げん》」には江戸で行われる政治に参加したい、大坂から日本の社会を変革したいという欲求とそのためには「懐徳堂」をいわば官学化したいという願望が滲み出ている。江戸の学問所さらには荻生徂徠への対抗意識を燃やしながらも彼が朱子学へと傾斜せざるを得ず、しかもなお江戸との距離を埋められなかったところに商都大坂での儒学研究の危機意識がみられ、面子《めんつ》や形式をどこまで払拭できるかが課題であった。

かくして「懐徳堂」は町人の学問所

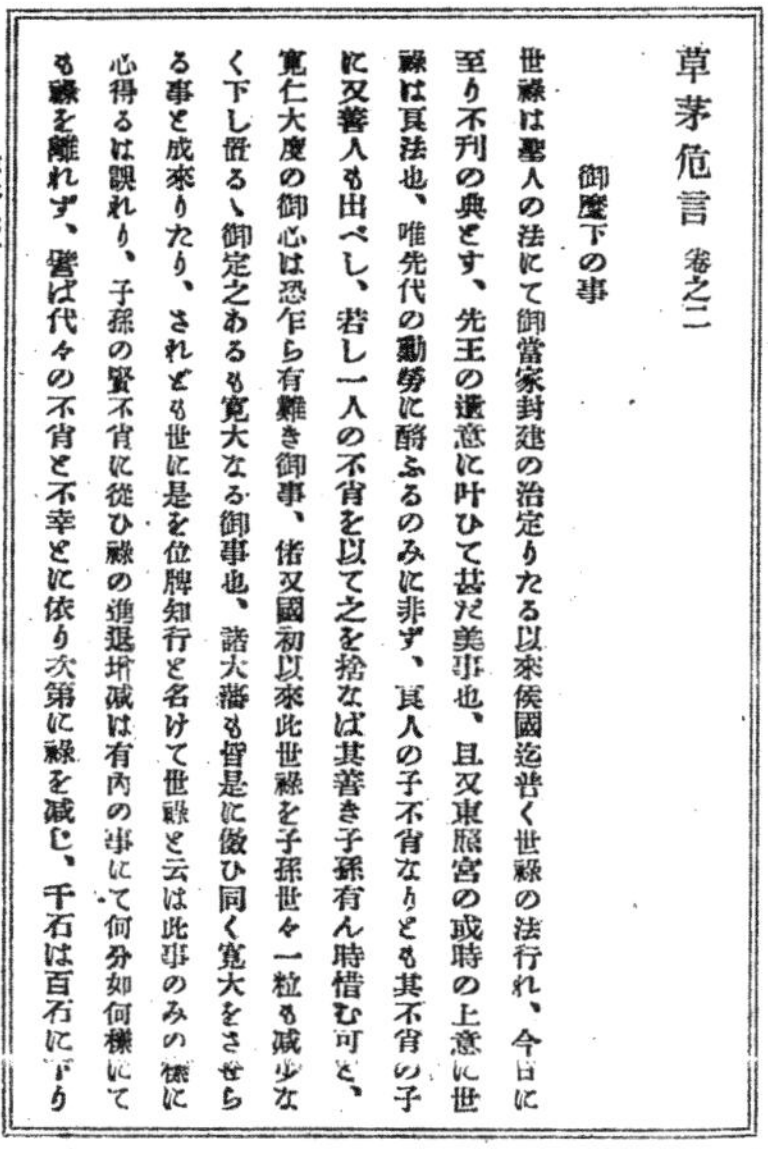

草茅危言　巻之二

御麾下の事

世祿は聖人の法にて御當家封建の治定りたる以來侯國迄皆く世祿の法行れ、今日に至り不刊の典とす、先王の遺意に叶ひて甚だ美事也、且又東照宮の或時の上意に世祿は其法也、唯先代の勳勞に酧ふるのみに非ず、其人の子不肖なりとも其不肖の子に又善人も出べし、若し一人の不肖を以て之を捨なば其善き子孫有ん時惜む可と、寛仁大度の御心は恐乍ら有難き御事、偖又國初以來此世祿を子孫世々一粒も減少なく下し置るゝ御定之あるも寛大なる御事也、諸大藩も皆是に倣ひ同く寛大をさせらる事と成來りたり、されども世に是を位牌知行と名けて世祿と云は此事のみの樣に心得るは誤れり、子孫の賢不肖に從ひ祿の進退拆減は有內の事にて何分如何樣にても祿を離れず、譬ば代々の不肖と不幸とに依り次第に祿を減じ、千石は百石にすり

草茅危言　（八一）

中井竹山「草茅危言」（1789年）国立国会図書館蔵

を希求しながらも次第に権力志向の学問へと傾斜し、自由人としての存在や反骨、反権力の精神から遠ざかっていった。当初鴻池をはじめとする商人たちが中心となっていた支持母体が次第に弱体化してゆき、「懐徳堂」をいかにして維持し経営していくか、つまるところは権力による庇護への期待であった。林家の湯島聖堂、いわゆる昌平坂学問所こそはそのモデルであり、幕府の御用学問としての「官学」への憧憬であった。

同じころ京都では一七二九（享保十四）年、石田梅岩が商人の倫理ともいえる「心学」の講義を始めていたが、これは町人すなわち都市型の庶民に対し商売の志や商人の生き方を問うものであり、「懐徳堂」のように学問体系を志向しながら政治的に江戸を意識するといったようなものではなかった。江戸すなわち中央集権国家への危機感と対抗意識、これこそは現在に至るまで商都大坂のエネルギーの源であり、西日本の中心である大坂は知的ネットワークの基地として期待されながらも「懐徳堂」の場合は残念ながら次第にそのエネルギーを失いつつあったといえる。

もともと朱子学とは異なった土壌にあり、武士的倫理規範でなく上級商人の心情をもつ大坂で、融通無碍の解釈や独特のコミュニケーションが生かせるにもかかわらず、漢学に埋没して旧文明の哲学を追い求め、旧体制のなかでの立場や優位性を追求するあまり、欧米などの新しい世界への関心や好奇心を膨らませていかなかったところに「懐徳堂」の限界もあったのであろう。

二〇〇一（平成十三）年、大阪大学では創立七十周年にちなみ懐徳堂記念会から引き継がれた資料などをもとにデジタルコンテンツ化と「ＷＥＢ懐徳堂」などの試みがなされ、現在新たな角度での研究が進められている。

参考　テツオ・ナジタ　子安宣邦訳『懐徳堂・18世紀日本の「徳」の諸相』（岩波書店　一九九二年）
小堀一正『近世大坂と知識人社会』（清文堂出版　一九九六年）
湯浅邦弘編『懐徳堂研究』（汲古書院　二〇〇七年）

検校《けんぎょう》と瞽女《ごぜ》
――マイノリティへの眼差し

現在でも国文学や歴史の研究に利用される重要な史料、いわゆる典籍を集大成した「群書類従《ぐんしょるいじゅう》」の編纂者として知られる塙保己一《はなわほきいち》（一七四六～一八二一）。少年時代に失明後、音曲や鍼灸を学びながら抜群の記憶力を生かして古典籍に通暁することとなる。盲人の団体である当道《とうどう》には検校《けんぎょう》、別当、勾道、座頭といった官位があるが、彼の場合は三十八歳で検校となっている。彼は水戸藩の「大日本史」の校正にも関わり、一七九三（寛政五）年、和学講談所を創設、林大学頭など多くの関係者の支援を得て史書の出版に取り組んでいる。六百七十冊におよぶ「群書類従」の出版は四十余年の歳月をかけ一八〇五（文政二）年に完成、収集した資料の一部は後に東京大学史料編纂所に引き継がれ「新訂増補国史大系」など歴史研究のうえで貴重な史料となっている。

盲人としてのハンディキャップを跳ね返すには本人の強固なる意思のほかに周囲の支えが不可欠であった。古来日本ではマイノリティに対する眼差しは温かいものであった。東北、北陸地方の雪国では視覚障害に悩む者が多く、琴や三絃など音曲の奏者として遊芸の道に入ったり虚無僧になったりしていた。津軽、長岡、高田などの諸藩のように三味線を弾きながら歌を唄って家々を訪れる盲目の女性たちを組織的に保護する施策を行っていたところも多い。有名な越後の瞽女《ごぜ》もその一つで、領内を巡回したり屋敷を与えられたりしていた。もちろんその生活は決して楽なものではなく支援する人たち次第であったことはいうまでもない。

飛騨・高山一之町の宗門人別改帳によれば十九世紀初頭、座頭九軒に師匠弟子十四人、瞽女八軒に師匠弟子二十人で、一八五八（安政五）年には四十二人と三十七人の計七十九人となっている。このように盲人同士でまとまって生活するのが一般的で、長岡や高田では瞽女たちが仲間同士組に分かれて信州や上州まででかけ、浄瑠璃の物語や各地の民謡などを交えて娯楽を提供していた。いわば農村のネットワークに乗ってコミュニケーション活動が行われていた。周防や長門の国では盲僧が村々の年中行事や祭事に招かれ地神祭などでは琵琶を携えて読経し祈願していた。

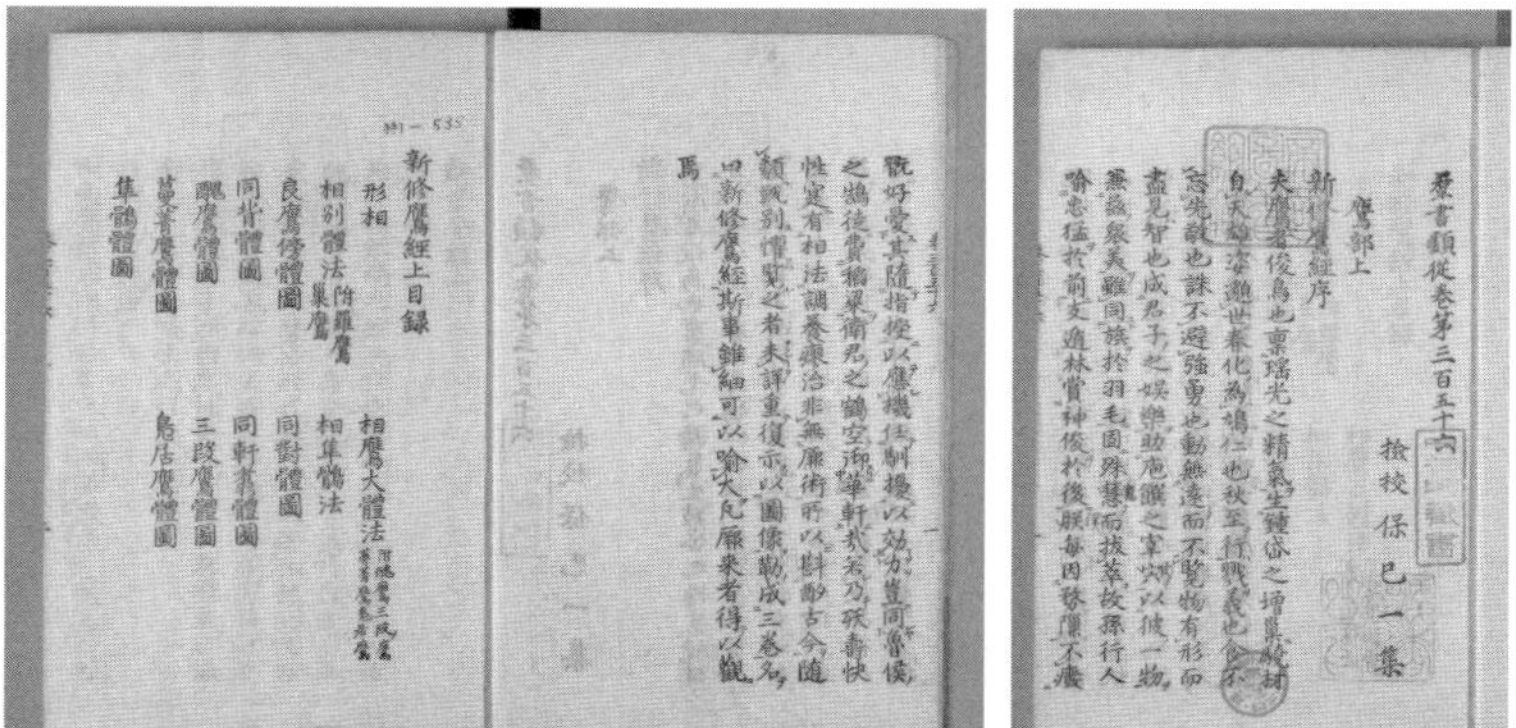
新修鷹經上目録

羣書類從巻第三百五十六

鷹部上

「群書類従」巻第356鷹部上　国立国会図書館蔵

東北地方の盲目の巫女のようにミコ、イタコなどと呼ばれながら死者との接点として独自の宗教活動を行っていたものもいる。

当道には多数の盲人が集結、琴や三味線、鍼、按摩に従事するものが多く、十八世紀初頭、制度として定着する。そこには厳しい上下関係があり、検校は扶持米や屋敷を与えられいわば特権階級であったがその数は全体の八％程度であったという。尾張藩では町民が座頭と喧嘩口論することは禁じられ、士族平民に限らず盲人に対する保護に努めている。多くの盲人の生活は地域の人たちの支援によるところが多く、中国地方では扶持米を支給する藩もあった。こうした仕組みの中で盲人たちによるさまざまな活動が展開していったのである。塙保己一はその後総検校となり、一八二一（文政四）年没するまで和学講談所を中心に活動を続けていた。

日本で最初の近代的な盲唖院《もうあいん》、京都府盲唖院が京都・船屋町に開設されるのは一八七八（明治十一）年、古河太四郎《ふるかわたしろう》が盲唖教育の基礎を築くこととなる。太四郎は一八四五（弘化二）年京都の私塾・白景堂で生まれ、尊王攘夷で投獄されたりしながらも教育に強い関心を持ち続け、たまたま市内で見た聾唖者の様子からその教育に邁進することを決意する。江戸時代の末、マイノリティへの眼差しがいち早く近代化に踏み出した背景にはそれを支える多くの人々が存在していたのである。

参考　齋藤真一『越後瞽女日記』（河出書房新社　一九七五年）
加藤康昭「盲人の生活と民衆文化」（『地方文化の日本史六』文一総合出版　一九七七年）
岡本稲丸『近代盲聾教育の成立と発展～古河太四郎の生涯から～』（日本放送出版協会　一九九七年）

ロシア艦船「ヘダ号」の再建
――西伊豆・戸田《へだ》湾

一八五四（嘉永七＝安政元）年十一月四日、いわゆる「安政の大地震」は日本の開国交渉の拠点となっていた伊豆半島・下田の町に津波とともに襲いかかっていった。折から日露交渉のため港に停泊していたロシア艦船ディアナ号はこれに巻き込まれマストを折るなど大破したのである。ロシアは一七九二（寛政四）年、千島列島で遭難した大黒屋光太夫らを送還しつつ日露交渉を求めてきた使節ラクスマン以来、一八〇四（文化元）年使節レザノフを長崎に派遣したが不調に終わり、さらに一八五三（嘉永六）年プチャーチンを使節として長崎に派遣、交渉が行われたがこれも不調に終わっていた。一方アメリカはこの年ペリー提督が浦賀に来航、開国を要請していた。こうした中、プチャーチンがディアナ号に乗船して再度来航する。ディアナ号は北欧を経由しアフリカ、南米を経てハワイに寄港中、ロシアが英仏両国と開戦したという情報が届き、いったんシベリアに戻ったうえでプチャーチンが乗りこみ、函館、大坂を経由して下田に来航したのであった。

ディアナ号は長さ五三m、幅一四m、二〇〇〇トン級の木造帆船で大筒を五十挺以上装着、長期航海にも耐えうる艦船であった。日本の応接掛筒井政憲、川路聖謨《としあきら》とプチャーチンとの間で日露通商修好条約の締結に向けての交渉が開始された最中、大地震に遭遇したのである。応急修理を施した後、戸田（現在沼津市）まで曳航することとなったが、あいにくのの風雨で駿河湾を漂流する事態となり、結局沈没。この間乗組員の救助や宿舎の準備、食糧補給は地元民が総出で行うこととなった。その後沈没したディアナ号に代わり、新たに艦船を建造することとなり、時の韮山代官江川太郎左衛門英龍《ひでたつ》がその任に当たることとなった。

大型木造帆船の建造という得がたい経験ができるということで江戸からも船舶工学に関心のある人材が集められ、ロシア軍人の指導で準備が進められた。建造場所は牛ヶ洞、設計はロシア側が行い、日本側は材料の手配と組み立てを手伝うこととなった。船の名は戸田にちなんでへダ号と名付けられ、長さ二五m、幅七m、二本マスト、一〇〇トン弱の五十人乗りの帆船であった。要した費用はおよそ三千両、ディアナ号に艦載していた砲八門を装備、建造に携わった日本人は船大工や鍛冶の経験者

静岡県戸田港（筆者撮影）

ら六十人、それに人夫百五十人といわれ、帆船建造というまたとないチャンスに遭遇したのであった。ロシア人の指示で建造が行われたが、オランダ語の通訳を介しての作業となったため若干の混乱はあったものの、およそ三ヶ月後の一八五五（安政二）年三月、無事進水式が行われた。

戸田における軍艦建造の情報は全国に流れ、諸藩の関心をひき、水戸藩や佐賀藩などから見学者が来訪した。また滞在中のロシア人と村人との日常的な交流を通じて相互に異国人の実態を観察する機会が生まれ、例えばロシア人は日本人の衣食住・人柄について次のように述べている。

「歩くときには少し前かがみで歩く。愛想の良い目つきをして、顔の表情は穏やかで、いつも微笑して親切である。（中略）日本人は思いやりがあり、博愛心に富んでいる」

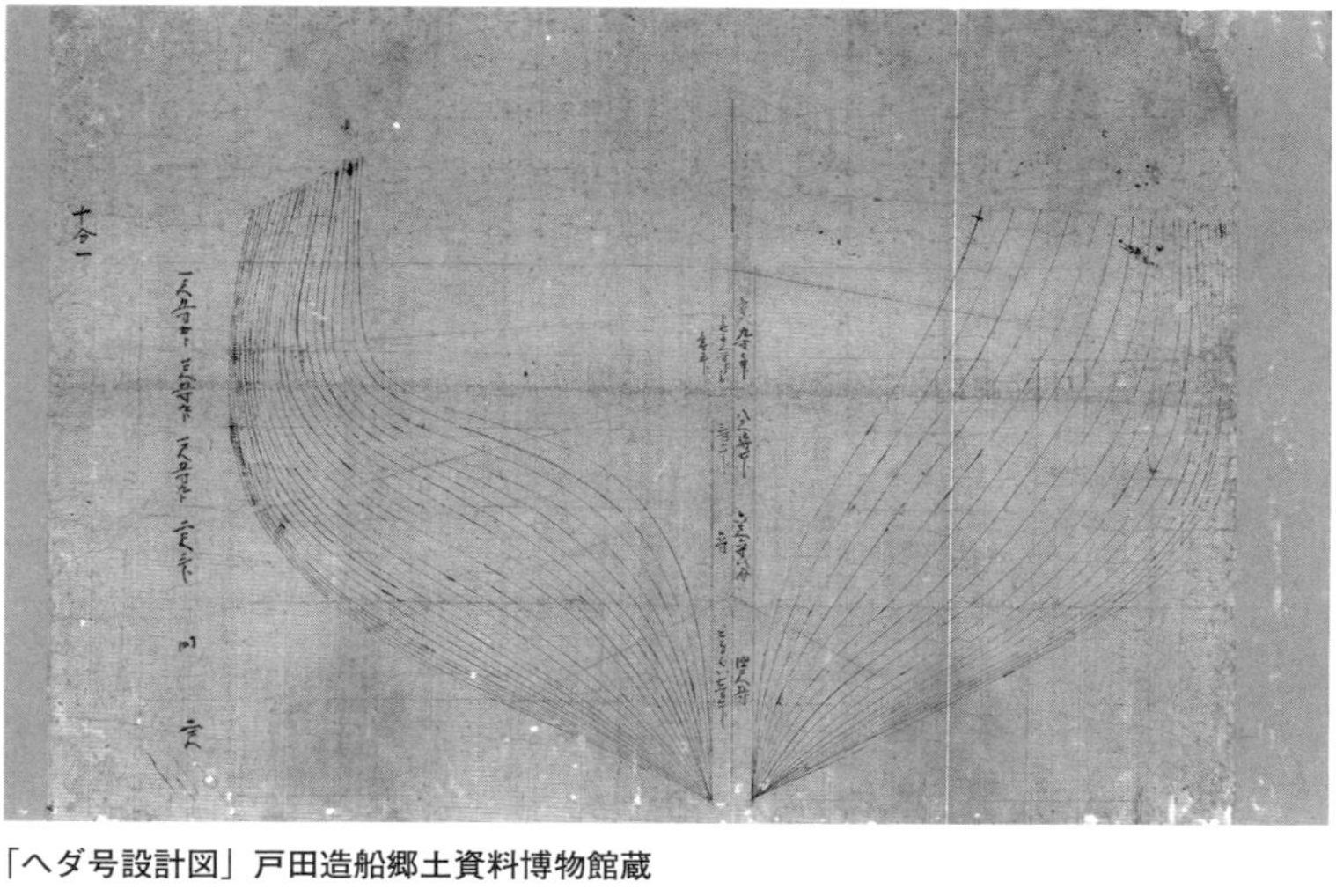

「ヘダ号設計図」戸田造船郷土資料博物館蔵

「日本人は誰も彼もみんなハンカチをもっているのには驚く。それは清潔な軟らかい書画用の懐紙で、かれらはそれを使って一度だけ鼻を拭うと、もはや不潔で使用済みのものとして捨ててしまうのである」

帰国に際し船員たちは日本の草履や下駄を珍しがって土産に持ち帰ったという。

こうしたなか日露和親条約の交渉は継続して行われ、一八五四（安政元）年十二月、下田の長楽寺で日本側正使筒井政憲、川路聖謨《としあきら》とプチャーチンとの間で条約が締結されることとなった。こうして下田、箱館、長崎が開港され、エトロフ島は日本領、ウルップ島以北はロシア領、カラフトは両国共有の地となったのである。

ディアナ号の乗組員は総勢五百名、戸田村に滞在後、一八五五（安政二）年一月から三班に別れて帰国、第一陣百六十名は下田に入港したアメリカ商船に便乗、第二陣のプチャーチン以下四十五名はヘダ号で、第三陣二百八十五名は米国傭船で帰国した。幕府はこの機会に幕府用としてヘダ号と同型の船六隻を戸田村で、四隻を江戸の石川島で建造することとした。こうして戸田村の所在地君沢郡の名にちなんだ「君沢形」船が誕生することとなった。一八五六（安政三）年、日露条約批准書交換のためポシュート大佐（前回は副使節として来日）が全権となってロシア艦船が来航したが、その際ヘダ号の代わりに新造のスクーナー船を曳航、ディアナ号が残していった艦載砲や航海用具とともに幕府に寄贈、日本側への謝意を表したのであった。

参考　戸田村教育委員会『ヘダ号の建造～幕末における～』（同委員会　一九七九年）
岩田みゆき『幕末の情報と社会変革』（吉川弘文館　二〇〇一年）

Ⅳ

「共感」するコミュニケーション
～「心」を共有～

心学道話《しんがくどうわ》

――「語り」のコミュニケーション

古くは説教浄瑠璃をはじめとして、落語や漫才、講談、浪曲など日本には「語り」コミュニケーションの伝統がある。映像万能の時代になってもタレントたちのトークショー番組がテレビに欠かせないのと同じように、気軽に肩がこらずに「話」が聞けるのは「語り」のもつ大きな魅力である。江戸時代の後期、人々の人気を博した「心学道話」はその代表であるといえる。「心学」は、十八世紀初頭、商人が自信をもって生きていくためにと京都の石田梅岩が説いたものであるが、その孫弟子にあたる中沢道二（一七二五～一八〇三）は江戸に下向して参前舎を設立、「心学道話」に力を入れて心学の普及にあたることとなった。

人の生きる道を、町人、武士を問わずだれもがわかりやすく理解できるように説く彼の「道話」は、神儒仏を融通無碍に解釈し通俗的にアレンジして提示したところに特色がある。例えば、何百人という聴衆を前に「此席に並んでござるおまえがた、残らず土じや。土の化けもの。同じ土を、権兵衛の、太郎兵衛の、お源の、おさよのと塊《つくね》たやうなものじや。づらりと並んだ人形や見世、丸で土じや。是が死で土になるの、焼いて土になるのといふやうな、まどろい事じやない。此身此まま直に土じや。是は人ばかりじやない。一切万物丸で土じや」、死んでしまえば武士であろうが町人であろうが同じ土、「平等一枚、土に隔はない」という。こうした意表をついた語り口に思わず引き込まれているうちに、現世においては町人には町人の「道」、百姓には百姓の「道」がある、そのあるべき姿に従うことがもっとも自然な「天地和合の道」であるとの本旨が説かれていく。

譬《たと》え話を多用し、時には大根の値段や浅間山の噴火、各地の飢饉の状況など最新情報も織り込みながら「心の尊さ」を訴える「道話」はひたむきに生きる聴衆の心を捉えていった。男女の隔てなく無料で参加できる会には多い時には五百人を超える人たちがつめかけ、講師には話術のみならず豊かな声量も求められ、「鳩翁道話」で知られる柴田鳩翁など軍書講談師からの転向組も現れた。「一過性」である「語り」を補うために、簡

水田探叙画「中沢道二肖像」(1798年)
東京・世田谷区立郷土資料館蔵

単な教訓や画を記した「施《せ》印《いん》」と称する刷紙が用意されることもあったが、中沢道二は「世間に書を読む人は多いが、文字の詮索ばかりで肝心の心を学んでいない、心学は心を学ぶのであって文字を知らなくても十分に学べる」と文字コミュニケーションに頼らない学習を標榜し、武士層の共感も呼んだ。彼の門下には本多忠籌《ただかず》や松平信明《のぶあきら》など寛政改革を推進した老中松平定信と関係の深い大名も多く、「道話」のなかに幕府の高札を「天の御声」として取り入れているのも彼自身幕府の広報活動の一環を担いつつ心学普及に拍車をかけようという認識があったからなのであろう。いずれにせよ「道話」をバネに「心学」は文化文政期にかけて飛躍的に普及し、各地に拠点となる心学講舎が続々と開設され、関東においては「会輔」「静坐」といった修行とともに「道話」が重要な位置を占め、「語り」による伝達技術にいっそう磨きがかけられていった。

歌川国芳「心学稚絵得　猫と鼠」
山口県立萩美術館・浦上記念館蔵

東京・足立区の参前舎ではごく最近まで地道な活動が続けられ、二十一世紀に入って心学発祥の地京都で「心学開講二七〇年」記念のシンポジウムが開催され、アメリカで心学研究の先鞭をつけたR．N．ベラー氏（『徳川時代の宗教』岩波文庫）も参加し再評価の機運も生まれてきた。封建的な社会の中でそれぞれの立場を意識しながら、「人を大切にする思いやりの心」をこのような形で伝えてきたことは記憶に留めておきたいものである。江戸時代以来、日本にはこうした「通俗的」なものを素直に受け入れる土壌があったのであろう。

参考　『道二翁道話』（石川謙校訂　岩波文庫　一九三五年）
石川謙『増補心学教化の本質並発達』（青史社　一九八二年）

「海游録《かいゆうろく》」
——朝鮮通信使・交流の日々

遠く富士山を望む賑やかな江戸の街並を行く長蛇の列。珍しそうにじっと見つめる人々の顔。羽川藤永の描く「朝鮮通信使来朝図」である。十六世紀末の豊臣秀吉の朝鮮出兵以来、朝鮮との関係は悪化していたが、徳川家康の全方位外交によってようやく日朝修好の機運が整い、一六〇七（慶長十二）年、はじめて回答兼刷還使が来朝、以来幕末まであわせて十二回朝鮮から使節が来日した。五百人近い一行は新しく就任した将軍への慶賀と日本の情勢分析を兼ね、対馬藩の宗氏のアシストで江戸まで往復していたのである。一七一九（享保四）年、吉宗の襲職に際し来日した使節団の製述官・申維翰《しんゆはん》が記録した「海游録《かいゆうろく》」をもとに当時の日朝交流の一端をみてみよう。

同年四月ソウルを出発した一行は六月釜山から船で対馬へ向かい、およそ一ヶ月滞在後、壱岐、下関を経由、瀬戸内海を東進し、九月はじめ牛窓に到着した。一行は四百七十五名、通過地の藩がそれぞれ接遇を担当、世話役として対馬藩の儒者雨森《あめのもり》芳州らが江戸までの往復に随行している。雨森は近江国の出身、木下順庵の門人で新井白石とは同門、朝鮮語を解し申維翰のカウンターパートとして時には激論もしながら息のあったサポートをしていた。

　牛窓をはじめ滞在する各地では、文才によってその職にある申維翰らを宿舎に訪ねる文人たちが数多く、ともに漢詩の唱酬（詩文のやりとり）をし、通詞を介して両国の学芸などに関する質疑応答を行っている。時には「筆談すること数紙に及び」、問答は「我が国の科挙のこと、余が大小科に登ったのは何年で、そのときの科題は何であったか、座主（試験官）の姓名など。余はすなわち筆談でもってこれに答えた」という状況で、まさに漢字を媒介とした通詞抜きの筆談によるコミュニケーションが成立していたことは注目される。正徳期に来日した正使趙泰億らと新井白石との対話は「江関筆談」として知られており、まさに文字どおり「信《まこと》」を「通《かよ》」わせていたのである。

　大坂では浪速の町の繁栄ぶりに驚嘆、「書林や書屋があり、（中略）古今百家の文籍を貯え、

羽川藤永「朝鮮通信使来朝図」（1748年頃）神戸市立博物館蔵
（Photo: Kobe City Museum / DNPartcom）

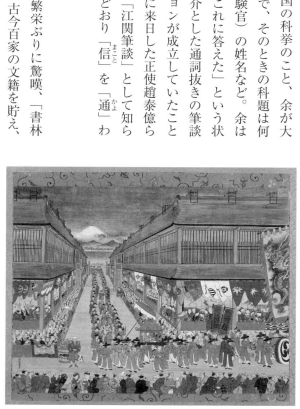

またそれを復刻して販売し、貨に転じてこれを蓄える。中国の書、我が朝の諸賢の撰集も、あらざるなし」と述べ、朝鮮の儒者や書籍についての関心の高さに驚いている。と同時に日本に関する朝鮮側のさまざまな記録が既に大坂で出版されていることには危惧も抱いている。また、日本の漢詩人・鳥山芝軒の詩集については「孤苦のなかからうまれた工緻（たくみでこまやか）」で詩人として「なかなか得がたい人物である」などと絶賛している。

その後、淀川をさかのぼって京都から陸路東海道を東上、九月末江戸に到着、将軍に拝謁、国書を奉呈した。江戸でも数多くの文人たちと漢詩の唱酬を行い、「容貌俊哲にして、詩韻がややぬきんでている。（中略）すこぶる感服した」「文は及ばざるところありといえども、意にはすなわち余韻がある」などと面談者を評価。異国の碩学に直接話を聞きたいという玉石混交の訪問客には「人をかき乱し、暇なきに悩ませる」と嘆き、二子を伴った大学頭林信篤との対面では世襲制のため文章力などが低下していくのではないかとの想いを懐いている。時には思い違いもあるが、日本側もそうであったように、申維翰は滞在中絶えず自国の威信を意識しながら日本と日本人に対応していたのであろう。

数百人にのぼる大行列は確かに庶民の耳目をひき、異国への興味と関心を呼び起こした。十月江戸を出立した一行は同じ道を戻り、翌年一月帰国。釜山には日本の貿易外交館ともいうべき草梁倭《わ》館《かん》があったが、学術文化に関する情報交換は行われていなかっただけに、鎖国の時代、通信使たちとの直接の出会いは貴重な体験の場であったといえる。

こうした朝鮮通信使に関する資料等は二〇一七年、ユネスコの「世界の記憶」に登録された。ドラマ「冬のソナタ」以来の韓流ブームそして二〇一八年には平昌で冬季五輪パラリンピックが開催されたが、最も近いこの国との交流がさらに発展することを祈りたい。

参考　申維翰『海游録～朝鮮通信使の日本紀行』（姜在彦・訳注　東洋文庫二五二　平凡社　一九七四年）
三宅英利『近世の日本と朝鮮』（講談社学術文庫　二〇〇六年）

「閑《しずか》さや岩にしみ入る蝉の声」
――五七五のメッセージ

「岩に巌《いわお》を重て山とし、松栢年旧《しょうはくとしふり》、土石老て苔滑に、岩上《がんしょう》の院々扉を閉て、物の音きこえず。岸をめぐり、岩を這《はい》て、仏閣を拝し、佳景寂寞《かけいじゃくまく》として心すみ行《ゆく》のみおぼゆ。

閑さや岩にしみ入る蝉の声」

（「奥の細道」）

今から三百余年前の一六八九（元禄二）年、山形の立石寺《りっしゃくじ》に立ち寄った松尾芭蕉はこう記している。仙台と山形を結ぶJR仙山線の山寺駅からは今もなお立石寺に向かう人たちの姿が後を絶たない。後に建立されたせみ（蝉）塚や仁王門を経て千十五段の長い石段を登ると奥の院・如法堂がある。すぐそこからミンミン蝉やヒグラシの鳴き声が聞こえてくるようなこの俳句に人々は暑い夏の盛りと一抹の清涼感を感じてきた。

もともと五七五、七七、五七五、七七と「句」を連ねながら互いの心を結んでいく「連句」の世界は、イメージで広がるコミュニケーションそのものである。例えば、野沢凡兆や向井去来との連句

で有名な「猿蓑」では、

市中は物のにほひや夏の月　凡兆
あつしあつしと門《かど》々の声　芭蕉
二番草取りも果さず穂に出《いで》て　去来
灰うちたたくうるめ一枚　凡兆

などと独自のイメージが次々と膨らみ、各地の人々との俳諧ネットワークもこうしたうえに成り立っていたのであろう。俳諧の世界に新風を巻き起こし、風雅の心、不易流行といった独自の風流の世界を切り拓いた芭蕉はとりわけ「発句《ほっく》」に力を入れていた。

「閑さや岩にしみ入る蝉の声」をはじめ「古池や蛙《かはず》とびこむ水の音」「水取りや氷の

松尾芭蕉も詣でた立石寺（筆者撮影）

僧の沓《くつ》の音」（「冬の日」）、あるいは俳号の由来となった芭蕉の株を門人から贈られた折の「芭蕉野《の》分《わき》して盥《たらい》に雨を聞《きく》夜哉」などと芭蕉は「音」によるイメージの世界にこだわっていたようである。古来、短歌の世界でも「秋来ぬと目にはさやかに見えねども風のおとにぞおどろかれぬる」（藤原敏行朝臣「古今和歌集」）のように季節を「耳」で感じとる日本的感性が詠み込まれていたが、芭蕉はそれを一段と印象づけたといえる。なかには「菊の香や奈良には古き仏達」のように匂いまで感じられる句もあり、まさに「五感」によるコミュニケーションが意識されている。テレビでよく見かけるコマーシャルにビールや清涼飲料水をスポーツ選手等がゴクゴクと旨そうに飲むシーン、いわゆるシズル広告がある。ここでも効果的に「音」を配して日本的な季節感を演出、余韻を楽しませている。コマーシャルもまた日本の伝統的な感性を上手く刺激しているといえる。

芭蕉は「奥の細道」の冒頭に有名な「月日は百代の過客にして、行《ゆき》かふ年も又旅人也」という一節を掲げているが、悠々と流れる「時間」と限りなく広がる「空間」を芭蕉は「五感」によるコミュニケーションを通して超越しようとしていたのではないだろうか。芭蕉はいわば「時間」と「空間」の中に否応なしに「メルトダウン（溶解）」していく自分の姿を「五七五のメッセージ」として託したかったに違いない。それは同時代に生きる人たちだけでなく、我々を含む後世の人々すべてに託したメッセージだったのであろう。こうした芭蕉の姿に多くの人々が共感したのではないだろうか。

参考　松尾芭蕉『おくのほそ道』（萩原恭男校注　岩波文庫　一九九一年）
井本農一『芭蕉入門』（講談社学術文庫　一九七七年）

水戸黄門漫遊記
――庶民が懐く「名君」像

お笑いタレントが各局をかけもちする中で根強い人気をもつテレビ番組に「水戸黄門」（ＴＢＳ系、後にＢＳで放送）があった。家庭で安心して見られるドラマの定番で、放送を開始してほぼ二十五年、高い視聴率を確保していた。水戸黄門を演ずる役者はすでに六代目、越後の縮緬問屋のご隠居と称し諸国を漫遊する水戸黄門の一行は、藩権力と結びついてか弱い庶民を脅して金儲けを企む悪人一味と各地で大立ち回り、最後は「この印籠《いんろう》が目に入らぬか。このお方をどなたと心得る、このお方は」と一喝。たちまち一同平伏し悪人たちは御用となる、という筋書きは変わらない。「天下の副将軍」という権威をかざし、最後はお上（＝正義）が「悪」を懲らしめるというところがミソで、同時に諸国の名産品も紹介しながら旅番組に似た関心を誘うところに長寿の秘訣があったのかもしれない。

家康の第十一子・頼房を祖とする水戸藩はいうまでもなく尾張、紀伊と並ぶ親藩で御三家のひとつ。石高は少なく（元和八年、二十八万石）官位も低いが、藩主は定府制（江戸常詰）という特別の地位にあることから後に「副将軍」などと呼ばれるようになったようである。水戸黄門は二代目藩主の徳川光圀。一六六一（寛文元）年その職に就き、中国から明末の儒者・朱舜水を招いて研鑽を積むなど学問や文化に造詣の深い軽妙洒脱な名君として知られる。とりわけ四百巻におよぶ膨大な史書「大日本史」の編纂にあたり、それまでの編年体通史と異なり人物中心の紀伝体で記述、南朝を正統とするなどの特色をもつこの史書は二百五十年の歳月をかけて一九〇六（明治三十九）年に完成した。光圀には「桃源遺事」や「義公仁徳録」など伝記や言行録も多いが、幕末から明治初期にかけて大阪や江戸でさまざまな漫遊譚（東海道、関西、九州、諸国など）が講談師によって演じられ、それらは「立川文庫」など多様な講談本として出版された。例えば「諸国漫遊記」（加藤玉秀講述）には「農家の老媼《ばば》に火吹竹にて頭を打たる」「領主南部遠江守の荒膽《きも》を挫《ひし》ぐ」などといったお馴染みの話があるが、いずれも創作されたものである。歌舞伎では明治十年に「黄門記童幼《おさな》講釈」（河竹黙阿弥《もくあみ》作）が上演され、映画化は大正時代になってからのことである。

お供の助さん格さんのモデルは「大日本史」編纂の要である彰考館の総裁でもあった儒学者の佐々宗淳《さっさむねきよ》（介三郎）

漫遊記の3人像（1996年水戸駅前に設置）

と安積澹泊《あさかたんぱく》（覚兵衛）であるといわれ、館員たちは史料収集のため諸国を探訪しているが光圀に随行したことはない。光圀は藩内をくまなく巡遊する一方、快風丸という帆船を建造、蝦夷地探検に派遣するなど知的好奇心の強い藩主で、家臣に命じ神戸の湊川神社に南朝の忠臣楠木正成《くすのきまさしげ》を顕彰する碑を建立したりしているが、自ら全国に出かけた記録はない。一六九〇（元禄三）年家督を譲り、常陸太田の西山荘《せいざん》に居を移している。「大日本史」の影響は周知のとおり十九世紀以降水戸藩を覆い、藤田幽谷らが藩校・弘道館を中心にいわゆる水戸学を展開、尊王攘夷の本拠と目されてきた。

光圀が講談などを通じて「悪」に立ち向かう「期待される名君・水戸黄門」として世に喧伝されていったのは幕末以降のことであるが、それはいつの世も権力に無縁で無力な多くの庶民の願いでもあった。そしてマスメディアになり代わって広範に伝達していく役割を担ったのが講談師たちであった。テレビでは一九六九（昭和四十四）年、水戸黄門ご一行のいわばホームドラマとして番組がスタート、ＮＨＫの大河ドラマが史実を尊重しながら幾分複雑なストーリー展開であるのに対し、単純明快、超法規的に「悪」を懲らしめる「名君」の姿に視聴者は安堵感を覚えたのであろう。汚職や不条理が蔓延するのはいつの世も同じ。それだけに「水戸黄門」は史実を超えて歴史上の人物に期待を懐く庶民の「想像＆創造」の世界であった。

参考　鈴木暎一『徳川光圀』（吉川弘文館　二〇〇六年）

金毘羅《こんぴら》歌舞伎

――地域イベントの誕生

毎年四月、四国・香川県の金毘羅さんでは人気役者が勢揃いして歌舞伎興行が行われている。芝居小屋（金丸座）は今から百八十年程前、一八三五（天保六）年に建設され、一九七六（昭和五十一）年重要文化財として現在の地に復元されたものである。一九八五（昭和六十）年、関係者の努力で「四国こんぴら歌舞伎大芝居」が復活、三十回を超える公演が行われてきた。かつて筆者が訪れた時は近松門左衛門作「傾城反魂香《けいせいはんごんこう》」のほか三世河竹新七作「闇梅百物語《やみのうめ》」などを坂東三津五郎・沢村藤十郎のほか当時の若手花形トリオといわれた辰之助・菊之助・新之助が好演していた。

観客は平土間の桝席を中心におよそ七百五十人。芝居小屋の各所に配置された燭台や提灯には電灯のない時代にふさわしく蝋燭《ろうそく》が灯っているように見えるが、勿論電気配線されている。自然光は大切な光源であるが、窓側の引き戸がすべて閉まるとまさに完璧に暗転、真っ暗闇となる。舞台と客席との近さは役者と観客との一体感を見事に醸成している。役者の息遣い、かたずをのむ観客。

その臨場感は東京の歌舞伎座のようにややかしこまった雰囲気で見るのとは異なり、演出もそれなりに工夫され、とにかくくつろいで見られるのである。換気は高い天井に救われ暑くはないが、団扇は手放せない。自然の風と等身大の演技がまさに江戸時代の雰囲気を体感させてくれる。ニューヨークの小さなミュージカル劇場での感覚に近いのかもしれない。いつもは難しい浄瑠璃もなぜかわかりやすく聞こえるのが不思議である。若手トリオのひとり三之助が唐傘のお化けなどに扮して桝席の仕切りの上を飛び跳ねると観客はわいわい大騒ぎとなる。蛍光塗料を使った骸骨の踊りや百

旧金毘羅大芝居（金丸座） 正面（筆者撮影）

旧金毘羅大芝居（金丸座）内観　琴平町教育委員会

鬼夜行の演出は真っ暗闇の芝居小屋にはぴったりである。花道のスッポンをはじめとする役者の「出」と「入」の趣向も興味深く、舞台の奥深く用意された「奈落」にも人力による昇降用の「セリ」などの仕掛けが再現され、地元の商工会の若い人たちの協力が欠かせない。

江戸時代、歌舞伎は大都市に常設された芝居小屋を中心に発展してきたが、各地に生まれたファンのなかには自分たちの村で自ら芝居を公演しようという動きも現れ、村人による手作りの芝居、いわゆる「地芝居」が各地に誕生した。福島県の西南端、雪深い村に伝わる桧枝岐《ひのえまた》歌舞伎もそのひとつで、千葉之家《ちばのや》花駒座を中心に衣裳や小道具、演目などを村で伝承している。数年前、国立劇場で「奥州安達原《あだちがはら》」や「寿式三番叟《さんばそう》」などの公演を見る機会を得たが、素人による演技とはいえ新鮮で伝統の重みが感じられた。村の小さな小屋では年に数回定期公演が行われているという。後継者の育成という課題を抱えながらも地元で楽しむ歌舞伎は格別であろう。

通り札（筆者撮影）

近世に入って海運の神として人

気が高まり信仰の厚かった金刀比羅宮の門前町で参詣客は歌舞伎も楽しんだに違いない。今も道沿いにはためくカラフルな幟《のぼり》や提灯、茶店や旅籠の光景が当時を偲ばせる。現在、公演は松竹が受け持っているが、江戸時代と同じように旅と娯楽をセットにした金毘羅詣にちなんだツアーも催され、チケットの入手も困難という。日本最古のこの芝居小屋はいまや江戸時代の歌舞伎の世界を体感できる貴重な場となっているが、あわせて地域の活性化に寄与していくことを期待したい。

参考　明石和美『全国芝居小屋巡り』（小学館　一九九五年）

「誹風柳多留《はいふうやなぎだる》」

——風刺のコミュニケーション

「酒のまずスマホに夢中で千鳥足」（テーマ＝ホームでのマナー）「さりげなく座席を譲るおもてなし」（優先席に関するマナー）。京王電鉄が二〇一三年まで催していた「マナー川柳」の作品である。五七五の俳句と同じ韻文で風刺の精神に富んだ川柳はいまなお新聞その他で人気がある。

和歌や俳句と違って庶民の日常生活や人情の機微が時代の流れにマッチして読み込まれていったところに川柳の面白さがあるのであろう。与えられた前句に相応しい短詩を作り出すにはそれなりの感受性が必要で、しかもそれを限られた字数の文字で表現するところに第三者の評価が容易に入り得たのであろう。浅草新堀端の柄井川柳《からいせんりゅう》が「万句合取次」の選者として投句を募集したのは一七五四（宝暦七）年のこと、一点いくらという点料をとって景品や必要経費を取り去ったのが収入となったが、応募者は徐々に増え、五年後には一万句を超えたという。その選句を呉陵軒可有《ごりょうけんあるべし》が編集し出版したのが「柳多留」で、一七六五（明和二）年以降一七九一（寛政三）年まで実に二十四編を数えた。

「妙薬をあければ中は小判也」　ありがたひ事〳〵　三〇五
「商売も国と江戸とは雪と炭」　うへを下タへと〳〵　四二九
「けんとうし（遣唐使）吹出しそうな勅をうけ」　うやまひにけり〳〵　五八六

人情の機微、これが川柳の極意なのであろうか。

「道問へば一度にうごく田植笠」　ていねいな事〳〵　二八九
「こそぐってはやくうけとる遠目がね」　とどきこそすれ〳〵　二四八
「本ぶりに成て出て行雨やどり」　五九七

人を思いやる心はいつの時代も変わらず、親子の情愛は特別である。

「寝て居ても団扇のうごく親心」　すわりこそすれ〳〵　五三三
「母おやはもったいないがだましよい」　気を付にけり〳〵　六一九

自分が思っていることを人に伝える行為は「コミュニケーション」そのものであるが、問題はその中身である。何を伝えたいかをしっかりと述べることが必要であり、しかも一瞬にして相手に通じればこれに越したことはない。五七五というリズムとユーモアのセンスが川柳を支えている。「自民党をぶっこわす」「感動した」などと比較的短いフレーズで受け手に印象づけたのは小泉元首相であるが、アメリカのオバマ大統領も同じように「Yes we can」などわかりやすい言葉の感覚で訴えていた。毎年暮にその年のキーワードともいうべき流行語大賞が選ばれるが、二〇一七年は「インスタ映え」と「忖度《そんたく》」、二〇一八年は冬のオリンピックで活躍したカーリング女子選手たちが交わしていた「そだねー」が話題となった。

「妙薬をあければ中は小判也」などのようにいつの時代でも通用するものもあれば、その時代でなければ通用しないものもある。時代を超えて伝わっていくためには「記憶しやすさ」という要素も見逃せないだろう。

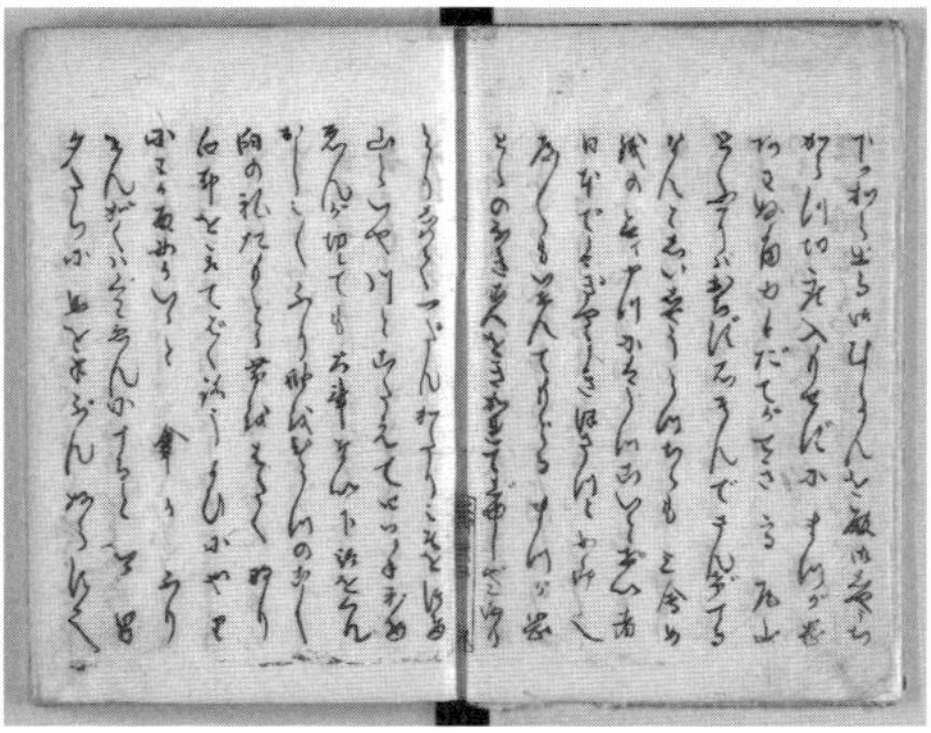

「柳樽（柳多留）」国立国会図書館蔵

武士や町人といった身分を問わず、何かを表現したいという気持ちが五七五にフィットして感性を揺り動かすのであろうか。それには時代の動きを敏感に嗅ぎ取り、言葉を楽しむ精神が必要であり、それを共に面白がる仲間の存在があってはじめて「コミュニケーション」が成立する。それはまさに「情報」を共有する「コミュニケーション」の原点でもある。

参考　柄井川柳撰『誹風柳多留』（山澤英雄校訂　岩波文庫　一九八五年）

名奉行・大岡越前守忠相《ただすけ》

——正義への憧憬《しょうけい》

「水戸黄門（水戸藩主徳川光圀）」と同じように時代物の映画やテレビで再三取り上げられる人物に悪人を懲らしめる名裁判官としての大岡越前守忠相《ただすけ》（一六七七〜一七五一）がいる。両者とも「めでたしめでたし」で一件落着、その安心感が長続きの秘訣ともなっていた。神奈川県の茅ヶ崎市では今も毎年四月大岡越前祭が開催され、市民が扮した越前守を先頭に行列が続く。この地に大岡家の支配地があり、大岡家代々の菩提寺があるという縁からおよそ百年前（一九一三年）に始まったものである。それにしても大岡忠相をめぐるエピソードのほとんどは後に創作されたものといわれるが、何故そのようにして語り継がれてきたのであろうか。

旗本出身の大岡忠相は、享保時代、将軍徳川吉宗の信任厚く江戸の町奉行を十九年、上方の商業資本との暗闘なども経て、寺社奉行となった実務家である。江戸の町は町年寄や町名主によって運営され、それを南と北の町奉行が与力・同心を従え支配する形になっている。彼のイメージは「三方一両損」や「実子争い」など人間の機微に触れながら愚直な庶民の味方となって判決を下す「大岡政談」として講談や書物で伝えられ、「裁判官」的な色合いが濃くなっている。
例えば「天一坊」事件では、紀州藩第二代藩主のご落胤と称する人物の一味を詐称事件として裁き、「三方一両損」では借り入れた金子三両を落とした人物とこれを拾得した人物とが互いに受け取れぬ、受け取れで争いとなり、大岡越前守はその三両を公儀預かりとし一両を付け加え二人に二両ずつ下げ渡すことで決着、三者がともに一両ずつ損をしたということで落着する日本人好みの解決策となっている。

これについては「板倉政要」(十七世紀末、京都所司代板倉勝重父子)やそれ以後の井原西鶴作といわれる「本朝桜陰比事《おういんひじ》」(一六八九〈元禄二〉年)にも同趣旨のエピソードがある。
例えば、「地蔵裁き」。白木綿を運搬中の男が道端の石の地蔵のところで休んでいた間にこれを盗まれてしまう。奉行は早速石の地蔵を捕縛に向かったので大勢の町民も面白がってついていったところ、勝手に奉行所に入ったと叱責され住所氏名を記録され後日一人一反ずつ白木綿を提出させられる。その中に問題の木綿があったためこれを辿って盗人が見つかったという。

裁判の事例については古くは中国の宋代にまとめられた「棠陰比事《とういんひじ》」(十三世紀初頭)があり、日本でもこれを翻案した「本朝藤陰比事《とういんひじ》」や仮名草子の「棠陰比事物語」(十七世紀初頭)などが登場、やがて「板倉政要」や「大岡政談」が成立してきたのである。何をいつどのように取捨選択して一つのエピソードが完成したかは明らかではないが、庶民受けする内容が編者や講釈師によってより面白く一般受けするように記述されたり演じられたりしてきたのであろう。「帝国文庫」（一八九六〈明治二十九〉年）所載の「大岡政談」はその代表といえる。

人々がいかに正義を貫く「為政者」を望んでいたか、いいかえれば不正がいかに多かったかという厳しい現実がある。そうした状況に目をふさぎ人々の希望や憧れを一人のヒーローに託しストレスを解消するためにも「大岡物語」が必要だったのであろう。それは江戸時代に限らず現代にも通じるものがあるだけにマスメディアは繰返しエンターテインメントとして大岡越前守らを登場させてきたのである。大岡の菩提寺・浄見寺におさめられた忠相筆と伝えられる軸物には「所寳惟賢（宝とする所、ただ賢なり）」とあり、「知恵」を大事にしていたことがうかがえる。

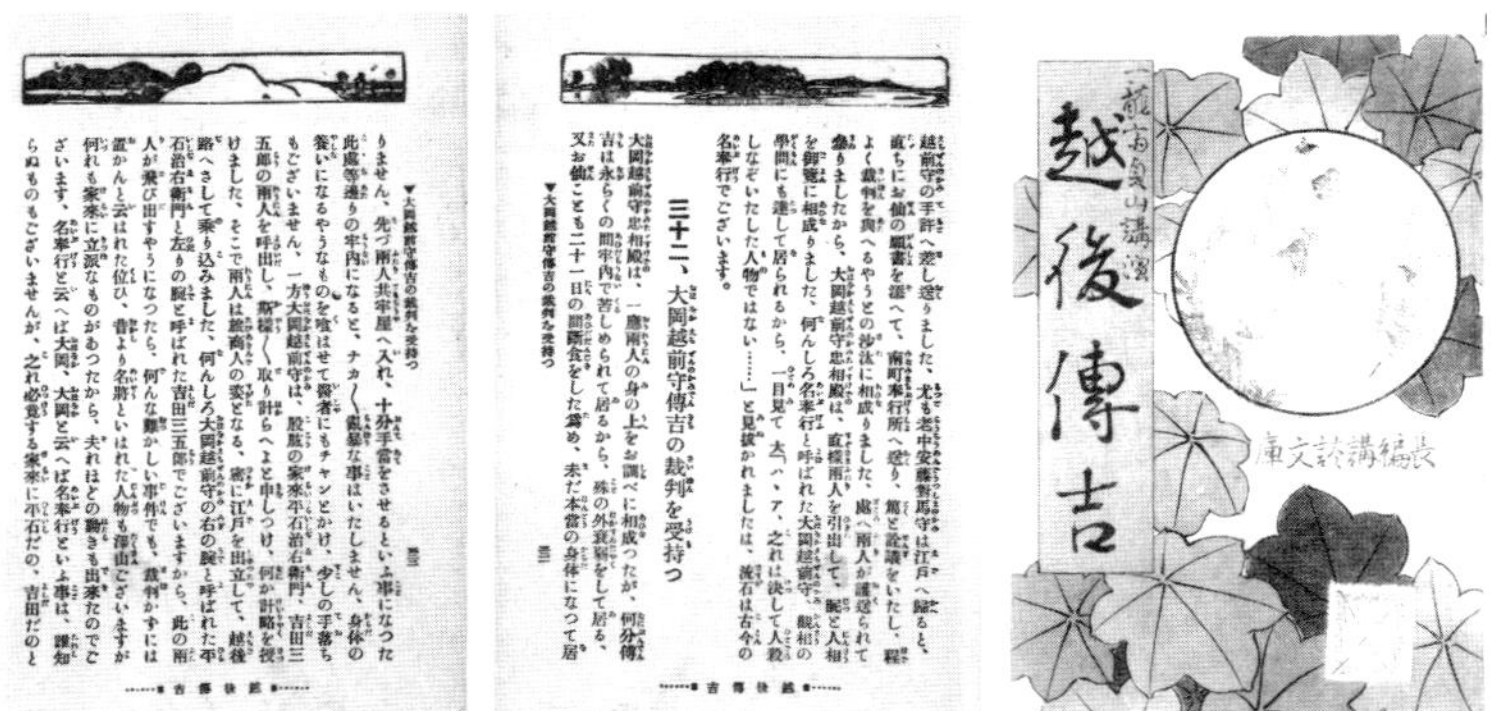

「越後伝吉　大岡政談」国立国会図書館蔵

日本では二〇〇九年から裁判員制度が実施され、無作為に抽出された候補者から裁判員が選ばれ判決も出されている。仕事の都合で断る人がいる一方、裁判の重みや役割がよくわかったと語る人もいる。法廷での検証方法などが定着するまでには時間がかかりそうであるが、「社会正義」は「法律」によって守られるという期待が裁判にはある。勿論「法令」を単に「順守」するだけでよいのかどうか、さらにいえば人の「心」や「悩み」に注目しながら「信頼」のできる社会をどのように築いていけば良いのかが問われている。そうした意味でも「大岡裁き」が投げかけているメッセージの重さを我々は改めて読み取る必要があろう。

参考　大石慎三郎『大岡越前守忠相』（岩波新書　一九七四年）
『大岡政談』上下（辻達也編　東洋文庫　平凡社　一九八四年）
大石学『大岡忠相』（吉川弘文館　二〇〇六年）
井原西鶴『本朝桜陰比事』（麻生磯次他訳注　対訳西鶴全集一一　明治書院　一九七七年）

アンコール・ワットの落書《らくがき》
——朱印船貿易時代の日本人

寛永九年正月初而此所来《はじめてこのところにくる》生国日本
肥州（肥後）之住人藤原之朝臣森本右近太夫
一房《かずふさ》御《み》堂心為《どうをこころになし》千里之海上渡《かいじょうをわたり》一念
之儀念《ぎをねんじ》生々世々娑婆《しゃば》（＝現世）寿世之思清《おもいをきよむる》者也
（以下略）。

カンボジアの密林に長らく埋もれていた十一世紀の石造建築、アンコール・ワット。世界文化遺産であるその建物の中心、十字回廊の一角にある柱の上になんとか判読できる状態で墨で書かれた日本語の落書《らくがき》が残されている。十七世紀、日本は朱印船という形でベトナムやタイ、インドネシアなどを拠点に東南アジア諸国と貿易を行っていた。そのような折、文面に記されているように「肥後（熊本）の侍森本右近太夫一房が千里の海を渡って亡父の菩提を弔い母親の老後を祈って四体の仏像をこのアンコール・ワットに奉納した」のである。時に一六三二（寛永九）年一月のことであった。

この墨書は二十世紀のはじめ、東京帝国大学文学部国史学科の黒板勝美教授が東南アジアに残された朱印船関連の資料調査に赴いた際記録に留めたものであるが、この時随行した弟子の岩生成一《いわお》氏は後にこう記している。「これは石柱地上3メートルあまりのところにあり、三百余年の歳月をへて墨色もあせていたので、わたくしの肩車にのった黒板教授が、水をひたした脱脂綿で一字一字ぬらしながら、かろうじて判読したものである」。

鎖国以前の朱印船貿易はまさに海外に雄飛する日本人の夢の世界であった。当時世界の生産量の三分の一を生産していた日本銀をバックに各地に進出、ベトナム中部のフェフォをはじめ朱印船が立寄るところに

アンコールワット（筆者撮影）

は日本人町が誕生し、日本橋通りなどといった懐かしい名称がつけられていた。インドネシアやタイ、フィリピンには町人や浪人たちが滞在して日本人町を形成、一千〜三千人規模になったところもある。なかには同じ頃、タイ北部の古都アユタヤで「六崑（リゴール）王」として武勇伝を馳せた山田長政のような人物もいた。メコン川をさかのぼったカンボジアにも数百人の日本人町があり、当時の日本人はアンコール・ワットをあたかも祇園精舎のごとく思い込んでいたようである。その一人、森本右近太夫のように気楽に親の霊を弔うべくインドシナ半島に出かけていった例は少ないが、海外渡航は比較的容易であったものと想像され、同時に日本人の仏教についての関心の高さをうかがい知ることができる。

二〇一一年の秋、アユタヤからバンコクに至るチャオプラヤ川流域は未曽有の大洪水に見舞われ、自動車メーカーをはじめタイで生産を行っていた四百五十社を超える日本企業が水没の被害にあったことは記憶に新しいが、こうしたタイと

アンコールワットの回廊（筆者撮影）

の経済関係も実は江戸時代初期に淵源があったといえよう。

落書はもともと自分が成し遂げた行為をいわばひとつの偉業として不特定多数の人たちに喧伝したいという願望の表現であると考えられる。事実、古今東西、名所旧跡にはいまもなおマジックペンやペンキなどで書き残すものが後を絶たず、社会問題としてマスコミで扱われることも多く、いわばツイッターの源流であったともいえる。森本右近太夫も恐らくその一人で、折角ここまで来たのだからと見知らぬ土地の気安さから気楽に墨書したのであろう。落書の多くはパターン化され他愛ないものが多いが、中にはこのように当時の社会の姿を伝える興味深い資料として当時の情報を今の世に送り届けているものもある。

参考　岩生成一『鎖国』（日本の歴史一四　中公文庫　一九七四年）

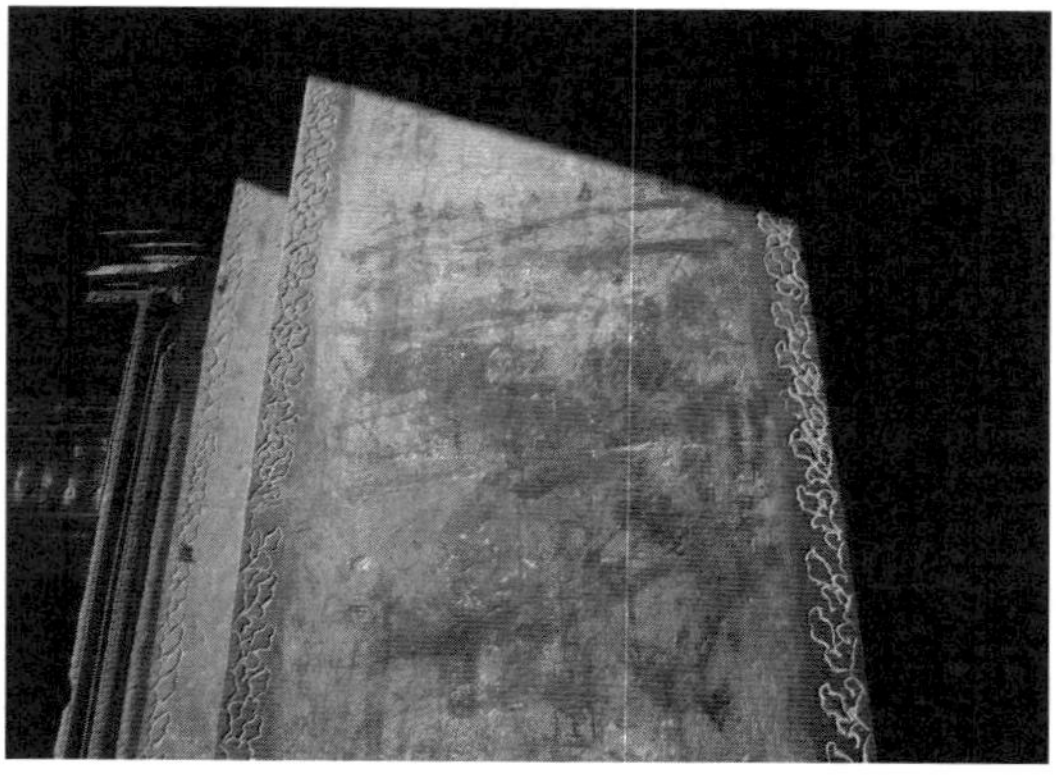

落書き（筆者撮影）

落首《らくしゅ》・落書《らくしょ》の世界
――ブログへの道

ここに一冊の本がある。一九〇五（明治三十八）年に出版された「側面観幕末史《そくめんかんばくまつし》」。著者の桜木章は、アメリカの艦隊が来航する十九世紀半ばから大政奉還にいたる幕府崩壊期の落首《らくしゅ》や落書《らくしょ》を収集し、その中から時代の姿を読み取ろうとしたという。出所が明らかでないのは残念であるが、いつの世も先の見えない時代には社会への不満や不安が加速し、こうした落書に庶民や下級武士たちの気持ちが滲み出てくる。以下その一端を紹介するが、誤字・脱字・当て字が多いのでご判読いただきたい。

嘉永六（一八五三）年にペリーの艦隊が浦賀に来航、未知の国とどう対峙するのか、鎖国下で煮えきらない幕府の対応をめぐって国論が沸騰する。

夫《それ》みたかあめりかさんにおだてられ三国一のふじ（富士、不時）の物いり
あめりかの米より喰ぬ国なれど　日本人はあわをくふ（泡を食う）なり

日本のあか（垢）を異国で洗ひはり　かえ（返）してみ
ればうらが（浦賀）大変

あめりかが雲のかよひじのりきたら此つき（月）島でま
て（待）ととどめん

こうしたなかで開国に踏み切った大老・井伊直弼が桜田門で凶刃に斃れる。

水戸もない（みっともない）やつ（奴）めと駕籠の中で
井伊（云い）

神風はまづ櫻田より吹きはじめ
井伊きみ（良い気味）と御隠居（水戸）かげで舌を出し

一方、少し引いた客観的な見方も表れてくる。

静におしよ　公儀のはなし
ほんとうかへ　帰帆の噂

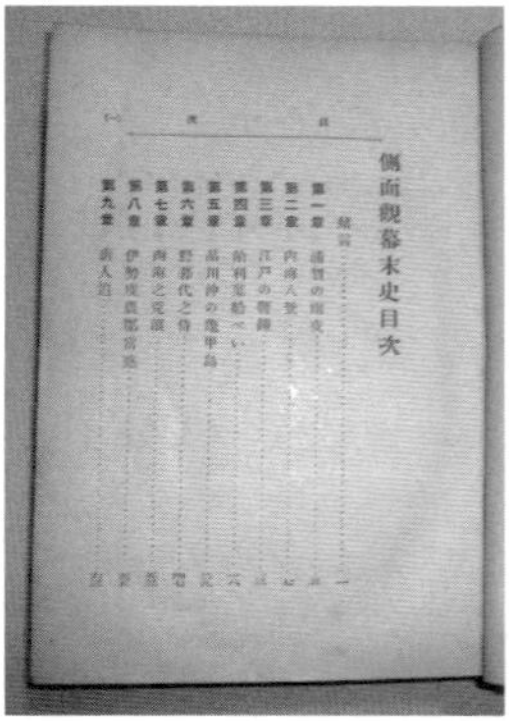

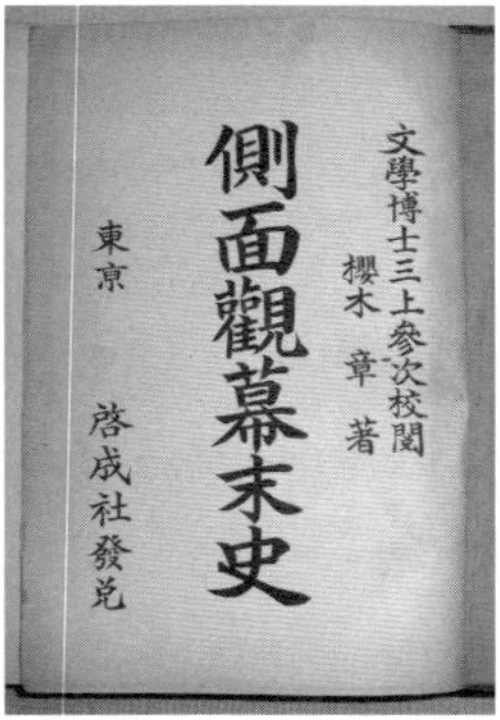

桜木章『側面観幕末史』（筆者撮影）

かはいい（可愛）ねへ　日本の大船
どうしてこんなだらう　世の中ふけいき（不景気）

当時ビジュアルな風刺画も存在したが、古典の知識を備えた戯作者や文人たちは「文字」の力で庶民の鬱憤を代弁するかのように狂歌や替歌をはじめ風刺作品を発信し、「落書《らくしょ》」の方も「崩れつつある支配」のシステムに目を注いでいく。

あたるものは　世上の評判　浅草の開帳
ありそふでない者は　海防掛の御了簡　御家来へ御貸具足
永続しそふも無物は　学問所の出席　諸組の調練
永続しさうな物は　武家の困窮　夷人の渡来
つよひ（強い）ものは　水戸浪人　炎天の乞食

百人一首の替歌等を理解するには作り手にも読み手にもリテラシーの能力が求められた。

町中へうちいでみればどうぐや（道具屋）のよろいかぶとのたかね（高値）うれ（売）つつ
（山邊赤人）

たちわかれ田舎へゆくもかねくめん（金工面）名主にかり（借）てまたかへ（帰）りこん
（中納言行平）

なげひてもしちや（質屋）はものをねさけ（値下）してくどけどか（貸）さぬわか小袖かな
（西行法師）

人口に膾炙するには「イロハがるた」のような口調の良さも重要であった。

い　命より外に宝はなきものぞ　　こがねの花は散ればまた咲

ぬ　盗人も火事も地震も奢らずに　めだたぬ家は遁れやすひぞ

いまやネット時代、ブログへの書き込みは日常化し、いわれなき個人攻撃も増えている。さまざまな情報が飛び交うブログは世の中への不満のはけ口としての機能も果たしているが、江戸時代の末、武士や庶民を問わず落書を綴った人たちも読み手もまさに同じ想いだったに違いない。

参考　桜木章『側面観幕末史』（啓成社　一九〇五年）

V

時間と空間を結ぶ「ネットワーク」

～情報の蓄積と伝達～

圓光寺版・木活字《もっかつじ》

――出版文化の扉を開く

京都洛北。宮本武蔵の決闘で有名な一乗寺下り松のすぐ近く、鹿威《ししおど》しで知られる詩仙堂から五分ほど歩いたところに古刹圓光寺がある。初夏の新緑、秋の紅葉と息を呑むように美しい庭園の佇まいに訪問客が絶え間ない。この宝物殿に立ち寄ってみると江戸時代に使用された木活字《もっかつじ》が展示されているのに気づく。幾度も使用したらしく磨耗が進んでいるのがよくわかる。圓光寺は徳川家康の命を受け足利学校（下野）の責任者から転じた臨済宗の僧・三要元佶《さんようげんきつ》（＝閑室元佶）によって伏見の地に創建され、十七世紀中頃現在地に移転。肥前佐賀の出身で足利学校の責任者となった彼は豊臣秀次に仕えたが、その死後、徳川家康の信任を得て政治指南のほか寺社や外交業務を管掌、教学振興のためこの圓光寺で数多くの書籍を出版し、教育も行っていた。家康から十万個を超える木活字を与えられ、慶長十一年までの間に政治に必要な参考資料として「貞観《じょうがん》政要」（七世紀、唐の太宗と下臣の問答などが記された為政者の参考書）や「孔子家語」などといった中国から伝来の古典籍を出版、これらが「圓光寺版」あるいは当時の所在地から「伏見版」としても知られる江戸時代初期を代表する出版物となったのである。

これより前、十五世紀の中頃、ドイツ中部の町マインツではグーテンベルクがブトウ搾り機を改良して鉛を利用した活版印刷機を編み出しており、以来聖書のコピーが欧州各国に伝播、宗教改革に大きな役割を果たしたことはよく知られている。それまで中世の修道院などで人の手で複写されていたさまざまな書籍・資料はこれを契機に一挙に数多くの人々の目に触れることが可能となり、標準語の普及や地図の発展に拍車がかかっていった。この活版印刷術はキリシタン宣教師の手によって日本にも将来され、イソップ物語や平家物語などが印刷されたが、キリシタン禁教とともに終息し、一方、豊臣秀吉の朝鮮出兵に際し朝鮮から将来された銅活字による活版印刷術も行われ、天皇による「慶長勅版」などが出版されたが、コストが安く細工のしやすい木版が次第に重用されていった。同一内容のものを複製することで多くの人々に情報を提供することはその国の文化を高めるうえで極めて重要である。

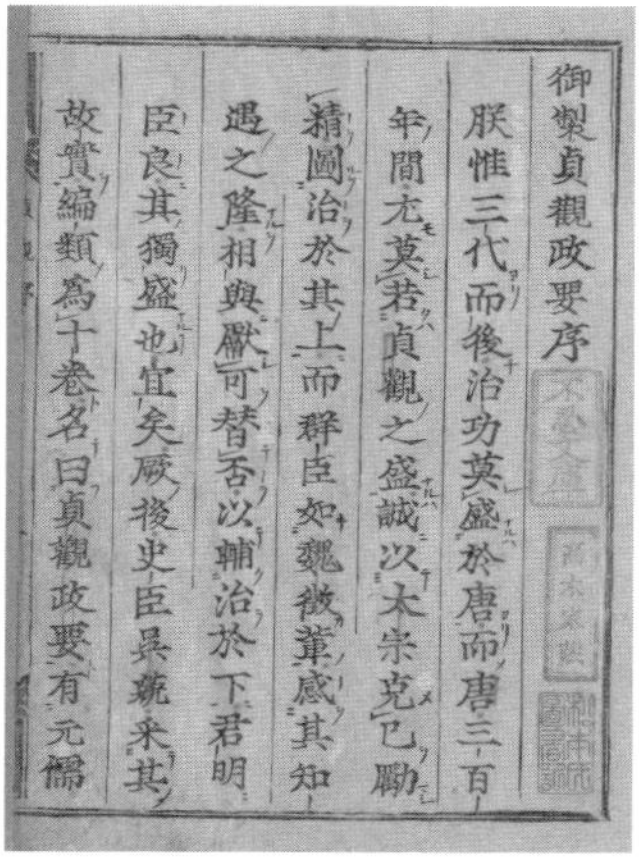
御製貞觀政要序
朕惟三代而後治功莫盛於唐而唐三百
年間尤莫若貞觀之盛誠以太宗克己勵
精圖治於其上而羣臣如魏徵輩感其知
遇之隆相與獻可替否以輔治於下君明
臣良其獨盛也宜矣厥後史臣呉兢采其
故實編類爲十卷名曰貞觀政要有元儒

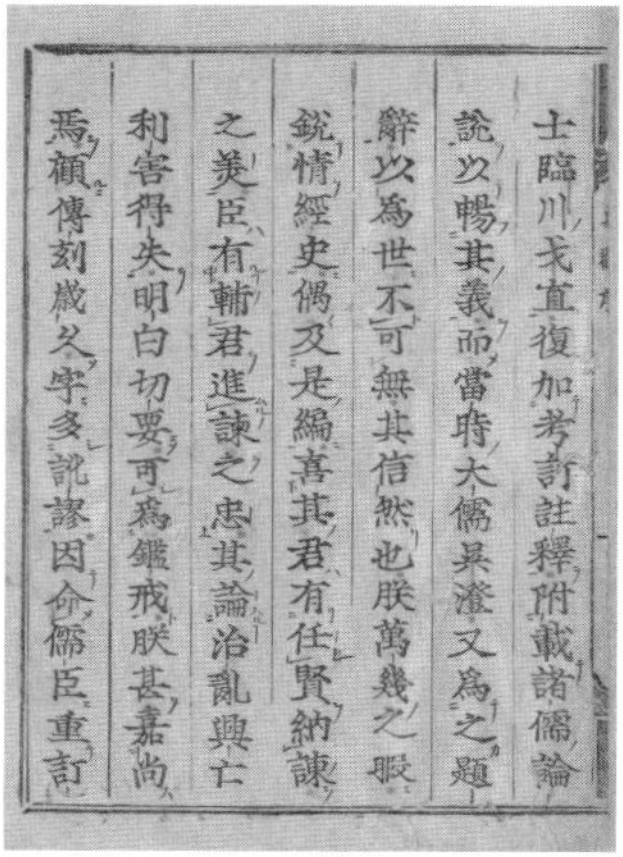
士臨川戈直復加考訂註釋附載諸儒論
說以暢其義而當時大儒呉澄又爲之題
辭以爲世不可無其書然也朕萬幾之暇
鋭情經史偶及是編喜其君有任賢納諫
之美臣有輔君進諫之忠其論治亂興亡
利害得失明白切要可爲鑑戒朕甚嘉尚
焉顧傳刻歳久字多訛謬因命儒臣重訂

「貞観政要」国立国会図書館蔵

江戸幕府の開祖・徳川家康は学問に関心を示し、書籍の出版に意欲を示し、先に述べた「圓光寺版」（「伏見版」）に次いで駿河に引退後も金地院崇伝らに命じて「駿河版」と称する銅活字による出版事業を実施、「大蔵一覧集」や「群書治要」などを出版している。印刷部数は百部、二百部と多くはないが、コピーが出回ることの意味は大きい。こうした官版の影響を受けてやがて京・大坂・江戸三都の書籍商を中心に小説や実用書、宗教関係書などさまざまなジャンルの出版文化が開

圓光寺庭園（筆者撮影）

圓光寺庭園（筆者撮影）

花する。現代のようにテレビ・新聞がない時代、当時最大のマスコミ産業であった書籍出版の複製技術を生かし、さまざまな「情報」が特定の階層にとどまらず一般の人々にまで到達しえたのであった。現代のようにカラー写真も含めて簡単に活字印刷ができ、直ちに複製、伝送される時代には考えられない状況ではあるが、それだけに書籍に対する人々の想いは並々ならぬものがあったといえる。

このところ本を読む若者の数が減っているが、圓光寺に今も残る「木活字」には往年の輝きが滲んでいるように見える。文字が連続するひら仮名の多い日本では、活字を組むよりも一頁一枚の版木に文章を彫った方が使い勝手が良いということで次第に製版印刷が主流となっていったが、いずれにせよ江戸時代の書籍文化の扉を開いたのはまぎれもなく徳川家康であり、出版文化人としての一面を見る想いがする。

参考　長友千代治『江戸時代の書物と読書』（東京堂出版　二〇〇一年）
上里春生『江戸書籍商史』（名著刊行会　一九七六年）
鈴木敏夫『江戸の本屋』上下（中公新書　一九八〇年）

高札《こうさつ》

――江戸幕府の広報観

東京・日本橋。川の上を走る高速道路は一年中車で渋滞、近々建て替えの計画も持ちあがっているが、浮世絵などでみる江戸時代の風景は想像もできない。橋の袂に建てられた道路元標がわずかに五街道の起点を想起させるこの地に「上意下達《じょういかたつ》」のシンボルともいえる幕府の「高札《こうさつ》」が設けられていた（口絵参照）。

「関が原の戦」や「大坂冬・夏の陣」を経て武力による全国支配を成就した江戸幕府は施政方針を周知徹底する必要があった。江戸城内に全国諸藩の大名たちを集めて憲法ともいうべき「武家諸法度」を読み聞かせるだけではなく、「農工商」といわれる一般庶民への広報活動も欠かせなかった。そのひとつがこの「高札」で、人々が多く集まる場所に「御触」として板札に墨書して掲示された。江戸では日本橋のほか浅草橋や麹町、京都は三條大橋、大坂は高麗橋などに設けられ、「札の辻」など今もその名を残しているところもある。

幕府の法令や指示はいわゆる「御触書」などの形で伝達されていくが、社会のルールについては武士のみならず庶民に対しても広く周知徹底するということが重要であった。「高札」はそのための有力な広報の手段となったのである。中身は、鎖国政策に不可欠なキリシタン取締りの懸賞金付訴人令（一六二六〈寛永三〉年）をはじめとして銭貨等の撰銭《えりせん》規制や海難救助等沿岸の取締り、運送の駄賃、毒薬・偽薬の売買禁止、火付け（放火）の取締りに関するものなど数多くの領域におよんでいる。

なかでも有名なのが一七一七（正徳元）年、日本橋などに掲げられた一連の「高札」である。その代表ともいうべきものが「忠孝札（雑事）」で、次のような九か条が示されていた。

・親子兄弟夫婦、親戚は親しく、下人にいたるまで是を憐れむこと
・家業に精を出し、身分をわきまえること
・人を欺いたり、人に害を及ぼしてはならない
・博奕《ばくち》の類は一切禁ずる
・喧嘩口論を慎み、手負いの者を匿ってはならない
・鉄砲の乱用を禁ずる。隠匿は重罪
・盗賊悪党についての情報には褒美を与える
・死罪執行に際して集合はしないこと
・人身売買を禁ずる

ここには「人」として生きるための基本的な倫理観や考え方が簡潔に提示され、平和な社会を永続させたいという幕府のメッセージが込められていたといえる。正徳元年の一連の「高札」にはこのほかキリシタンの取締りや放火の取締りなども含まれていたが、こうした「高札」が家康以来の「祖法」重視の立場から幕末にいたるまでおよそ百五十年もの間掲示され続けたことは注目に値する。

地方の各藩では領内への周知をはかるべく同様に高札場を設け、独自の法令を掲示するところも多かった。「高札」は文字が読める人を前提としていたが、読めない人には読み聞かせるということで周知は可能であり、幕末には寺子屋などでも教材として使用され、人々のリテラシー（読み取り能力）の向上に寄与していた。「人目に触れる」という形での「お上」の意思を伝える広報の機能は、やがて明治以降の「官報」のなかに埋没していったのである。

杉戸宿高札場（埼玉県）

参考　『御触書寛保集成』（高柳真三、石井良助編　岩波書店　一九三四年）
『徳川禁令考』後集第一（創文社　一九五九年）

データ集積・情報の拠点を築く
——木村蒹葭堂《けんかどう》

商業都市大坂が活況を呈していた江戸時代も半ば過ぎ、好奇心旺盛な人物がいた。通称木村蒹葭《けんか》堂《どう》（一七三六〜一八〇二）、「浪華郷友録」にもしばしばその名が登場するこの人物、代々坪井屋吉右衛門と称し、貸家と酒造関連の収入で暮らす町人の一人で、書画典籍標本類の収集家として、あるいは画家、出版・蔵書家としてその名を知られた文人でもあった。

自ら「余嗜好《たしなみこのむ》ノコト専ラ奇書ニアリ」と称し、内外の書画、地図、草木金石魚介鳥獣、器物などを積極的に収集、「ミナ考索ノ用トス」（「巽斎《そんさい》翁遺筆」〈「蒹葭堂雑録」所収〉）と述べ、新たな価値を生み出すことに努めていた。物産家としては本草学の第一人者小野蘭山のもとで研究を進め、貝や石のコレクションでは比類なく、歯鯨の一種イッカクについては「一角纂考《さんこう》」と題して蘭学者・大槻玄沢らの協力を得て著述もしている。

若くして絵画に親しんでいた彼は後に池大雅《いけのたいが》に南画を学び、数多くの山水画を描き残している。模範的ともいえるその作風はバランスのとれた表現力に溢れ、蒐集品に対する目利きつまり鑑識眼の基ともなっていた。木村蒹葭堂は池大雅の友人で南画家の桑山玉洲が大雅の絵画論について記した「絵事鄙言《かいじひげん》」を出版しているが、それは当時の南画家たちが目指した「真景」のありようを、大雅が単に形だけの「写実」ではなく心を表現する「写意」として捉えようとしたところに賛同していたからであった。このように彼は自らの心にかなった書籍の蔵版にも力を入れて取り組んでいた。

蒹葭堂は詩文のサークルでもある片山北海の混沌《こんとん》社に属し、全国の文人たちとのネットワークを広げ、万巻の書を蔵することとなったが、書籍をはじめ蒐集するための取材力や購入に要する費用は大変だったに違いない。蔵書の一部は彼の死後、幕府の昌平坂学問所に献本、所蔵されることとなり、現在国立公文書館内閣文庫に引き継がれている。学問所からは後に五百両が下賜されたが、町人の蔵書がこのような形で残存することは稀である。

木村蒹葭堂肖像　国立国会図書館蔵

蒹葭堂が最も大切にしたのは人間的なつながり、交友関係であった。武士・町人を問わずこの時代多くの人たちが新奇な情報を求めていた。平戸の藩主松浦《まつら》静山や戯作者太田南畝、京都相国寺の僧大典顕常、福山の菅茶山（Ⅲ章参照）、銅版画家の司馬江漢（Ⅰ章参照）など全国各地の同好の士とつきあっている。例えば松浦静山はその著「甲子夜話《かっしやわ》」にこう記している。「先年浪華にて蒹葭堂を訪しとき、版刻の一小紙を見る。主人曰、これは大坂御陣のとき御陣場の辺を売あるき、従軍の卒など買求しものよと云ふ。（中略）僅歳月二百年余にて、時風の違ふこと此版本を以ても想《おも》ふべし」（巻一五）。有名な「大坂安部之合戦図」（Ⅱ章参照）を蒹葭堂のところでみせてもらい、自ら書写したものの紛失、別途入手したという。二百年前の豊臣方との戦闘に関する資料を介して二人がコミュニケーションを交わしていたことは注目されよう。彼は海外や蝦夷地にも関心をいだいており、一七六四（明和元）

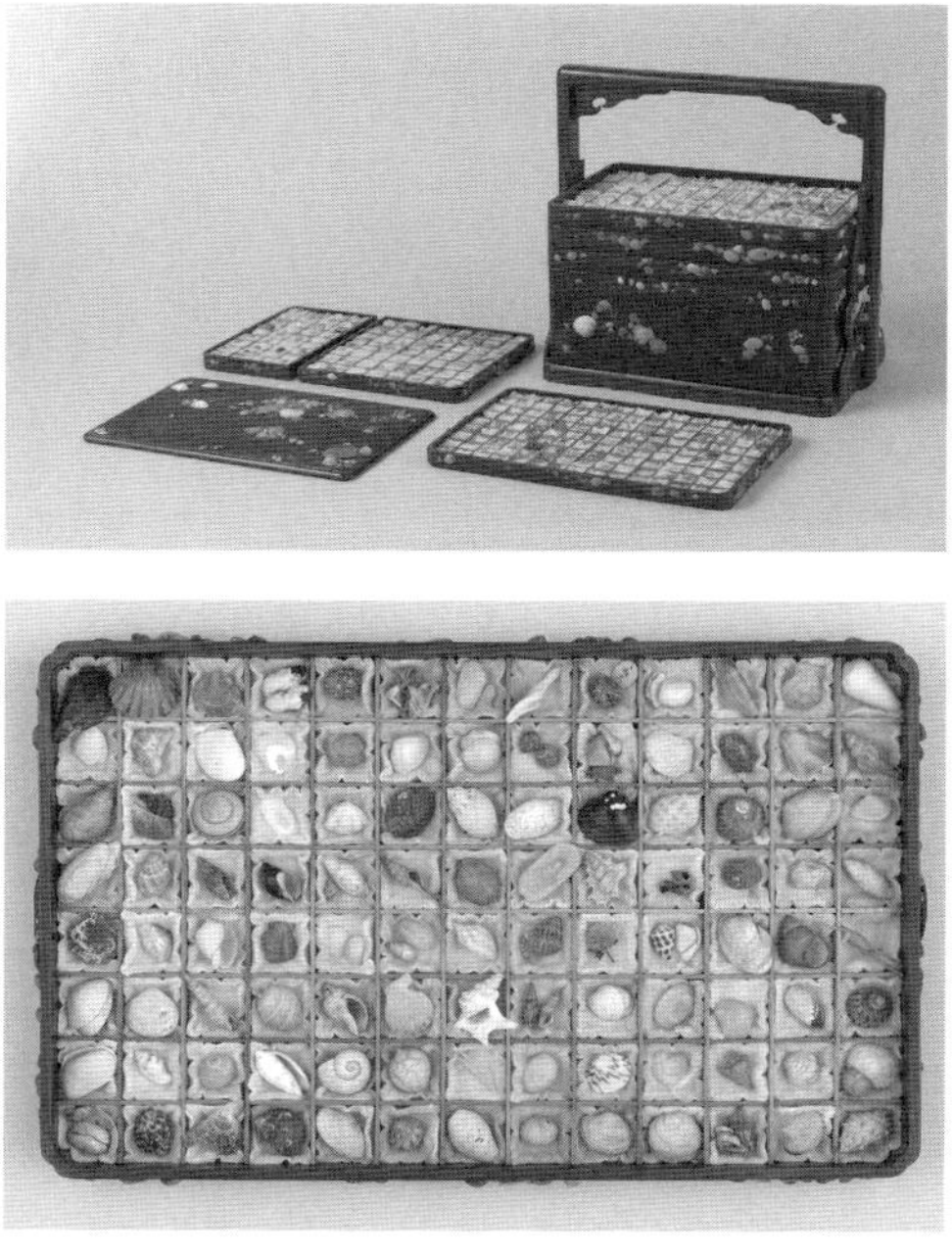

木村蒹葭堂「貝類の標本」　大阪市立自然史博物館蔵

年、朝鮮通信使が来日した際には詩文の唱酬を行ったり詩集を献呈したりしていた。

木村蒹葭堂の肖像画には柔和な人柄が滲みでているが、そうした人柄がまさに大坂に「情報の交差点」を築きあげ、貴重なデータの蓄積を可能にしたのであろう。大富豪とはいえない彼が一私人として情報を収集し関心のある人たちにそれを提供、実践していたところに意味がある。優れた文化の創造には効率や利益至上主義とは無縁な一人の人間の好奇心と執着心が欠かせない。蓄積された「情報」は多くの人に触れることではじめて価値をもつのである。

参考　大阪歴史博物館編『木村蒹葭堂～なにわ　知の巨人～』（思文閣出版　二〇〇三年）

風聞《ふうぶん》・風説《ふうせつ》——井伊家の隠密情報探索

「風説の流布《るふ》」という言葉が久しぶりに話題となっている。江戸幕府はしばしば当時の有力マスコミである出版物の取締りにあたってこうした文言を使用、「浮説《ふせつ》之儀、仮名書写本等ニ致し、見料を取、貸出候儀、致間敷候《いたすまじく》」などと規制している。「浮説」「風説」「風聞」は程度の差こそあれいずれも世間の噂話が根底にあり、真偽のほどがわからないだけに世間の耳目を引くものであり、いつの時代も意図的に不確かな情報を流すものは多い。講談やテレビドラマなどでお馴染みの忍者や隠密同心などもおそらく幕府のお庭番などのように極秘に情報を収集していたのであろうが、何といっても記録に残らない作業だけにその活動は詳らかではないが、それだけに夢のある世界であるともいえよう。

江戸幕府は草創期以来、浪人問題や天一坊事件など不確かな情報に振り回されることが多く、とりわけ黒船が来航する幕末には開国・攘夷で国論が割れ情報が乱れ飛んだ。日米修好通商条約の調印（一八五八〈安政五〉年六月）を許した大老井伊直弼《なおすけ》は将軍家定の継嗣問題や条約調印違勅問題で疑心暗鬼、朝廷や攘夷派の徳川斉昭率いる水戸藩など尊王攘夷グループの動向を掌握することに腐心していた。彦根藩主であった彼のもとには藩の家臣をはじめ幕府の徒目付、小人目付、関東取締出役、鳥見役などといった役人から江戸、京都、水戸家に関する情報が集まり、今も「風聞探索書」として残されている。そこには反幕運動を弾圧した安政の大獄から万延元（一八六〇）年桜田門外で直弼自身が暗殺される頃にかけて関連情報の収集とセキュリティ対策に汲々としている状況が生々しく浮かんでくる。

一橋慶喜（後の十五代将軍）の父でもあり攘夷派の中心とみられた水戸の徳川斉昭は謹慎後も徹底的にマークされ、小石川や駒込の屋敷、水戸街道、京都を中心に藩士たちの行動は厳しく監視されていた。水戸藩の密使や隠密《おんみつ》に関する情報では、「年は二十七、八才、中肉中背で色白、外見常躰、言語物腰柔和温順、美僧である」などといった人相書が添えられることも多く、安政五年（一八五八）八月、奥坊主からの密訴には「近頃浮説とはいえ案外注意すべきものがある。逆意の族徒が結託して殿の

井伊家の拠点「彦根城」（筆者撮影）

身体に危難を与えるという風説があり、あってはならないことではあるがこうした謀策をしでかす族《やから》がいないわけではなく十二分に尊慮されたい」とある。また、同年九月には「掃部頭《かもんのかみ》（＝井伊直弼）は万端天下を自儘にし、主君を押込め残念至極、江戸表登城の節は行列の外に伏勢を手配し、狙い討ち果たす、という噂がある。風聞とはいえ容易ならざる事態であり、唐突もない浮説とはいい難くご留意を」といった情報が届いている。万延元年二月、関東取締出役からの報告書には常陸の藤代の旅籠で盗みの容疑で捕えた水戸藩士から「彦根の御屋敷に極秘に数名の藩士が下男として住み込み、時節をみて放火し騒動に紛れて奥へ打ち入る計画であった」との証言を得た、とある。このほか京都の公家の動向や水戸藩への密勅降下の謀議に関する情報などさまざまな形で情報探索が行われていたが、桜田門外の変を回避することはできなかった。

こうした情報をもとに安政の大獄や水戸藩への厳しい対策が講じられたのであるが、彦根藩家臣等の報告の中には偏った見方も存在していただけに、いつの時代にも情報を収集分析するにあたっては現代の「フェイクニュース」と同じように「何が正確な情報であるのか」を見抜く力が求められているといえる。

参考　『井伊家史料　幕末風聞探索書』上中下（雄山閣　一九六七年）
保谷徹編『幕末維新と情報』（吉川弘文館　二〇〇一年）

メディア・プロデューサーの誕生
――蔦屋《つたや》重三郎

江戸時代、京都を中心にスタートした木版印刷の書肆《しょし》（＝本屋）は十七世紀末二百を超え、多種多様な書籍や草紙を刊行してきた。書籍のデータベース化も進み「和漢書籍目録」や「増益書籍目録」「広益書籍目録」には宗教関係書、有職故実《ゆうそくこじつ》（古くからのきまり）、暦、医書、軍書、和歌俳諧、草紙等五十種類におよぶ内容が残されている。江戸では地本《じほん》問屋と称し娯楽的色彩の濃い草紙、戯作《げさく》系の読み物が発行されていくが、中でも注目されるのは十八世紀末、新吉原で貸本・草紙問屋を営む蔦重《つたじゅう》こと蔦屋《つたや》重三郎。気鋭のメディア・プロデューサーとして頭角を現し、多くのスター絵師や作家を世に送っている。吉原の遊女についての暦年情報誌「吉原細見《さいけん》」を逐次改訂発行、飛躍的に販路を拡大する一方、当初は幼童向けの手習書でもあった往来物など安定的な出版物にも取り組んでいた（口絵参照）。

「定めなき世はうたかたの人の身も水のあはれとなりにけるかも」（蔦唐丸《つたのからまる》）

狂歌師・蔦唐丸《つたのからまる》の名でも知られる蔦重の基本は読者がビジュアル感覚で楽しめる木版による印刷物であり、時代の流れを読み取れる情報を織り込むことでビジネスとして成功することであった。当時文人たちの間で流行っていた狂歌や狂詩といったパロディの世界は地域のグループでもある「連」を軸に同時代への風刺や批判を行っていた。こうした流れの中で蔦重は太田南畝《なんぽ》らと狂歌や狂詩の絵本を制作したり喜多川歌麿のビジュアル画を取り込むことでさらなる評判を得ていた。例えば「画本虫撰《えらみ》」（一七八八〈天明八〉年）。貝尽くしの「潮干《しおひ》のつと」や鳥づくしの「百千鳥《もも》」とともに画才溢れる歌麿の見事な色彩絵で飾られ絵の周辺に数首ずつ狂歌が掲載され、天明期を代表する狂歌絵本となっている。

一方田沼時代の終焉を描いた朋誠堂喜三二《きさんじ》「文武二道万石通《まんごくどうし》」の出版も行うなど、もともと子供向けの絵本であった草双紙を戯作的にパロディ化して黄表紙や洒落本にし、「うがち」の精神を横溢させたがゆえに評判を呼び、テレビのない時代、当時の著名な文人や絵師たちはいわば蔦重のネットワークに取り込まれていった。その特徴は武士や町人といった身分の如何を問わず受信と発信の両方に関わりあえることであった。朋誠堂喜三二は秋田藩江戸留守居役平沢常富であり、「金々先生栄花夢」で黄表紙の世界を確立した恋川春町は駿河小島藩江戸詰用人倉橋格の別名、絵師でもあり文字通り小石川春日町に在住していた。幕臣で能吏と称された太田南畝（蜀山人）など文才を持った武士たちも多く、このほか国学者で読本作家の石川雅望（宿屋飯盛）などだれでも参加できるところに新しいネットワークが成立していった。後に「南総里見八犬伝」で読本作家としての地位を築いた武家出身の曲亭馬琴は一時蔦重の手代も務めていた。

こうしたなか一七九一（寛政三）年、出版規制強化を狙う寛政改革で、山東京伝《さんとうきょうでん》の洒落本「仕懸文庫」など三部作がターゲットとなり、京伝は手鎖五十日、蔦重は身代半減の処分を受けることとなった。山東京伝、通称京屋伝蔵（一七六一～一八一六）は戯作者として、また浮世絵師（北尾政演《まさのぶ》）としていわばマルチタレントとして活動していた。

こうした状況のなかで地本草紙問屋としての蔦重は方向転換を余儀なくされ、漢詩漢文や宗教、古典に関わる書籍の出版にも参入、書物問屋としての道も歩みながら、一方で雲母《きら》摺りによる大首絵を続々と登場させる。歌麿の「婦女人相十品」「芸者亀吉」などがそれで、時代の流れを読み取る能力に長けていた蔦重は歌麿のあとに謎の絵師写楽を登場させる。

十ヶ月の間におよそ百四十の浮世絵作品を描いた写楽は阿波藩の能役者斎藤某と目されつつも謎の作家として今なお注目を浴びているが、その独特の顔相表現術は歌舞伎役者一人一人の大首絵の

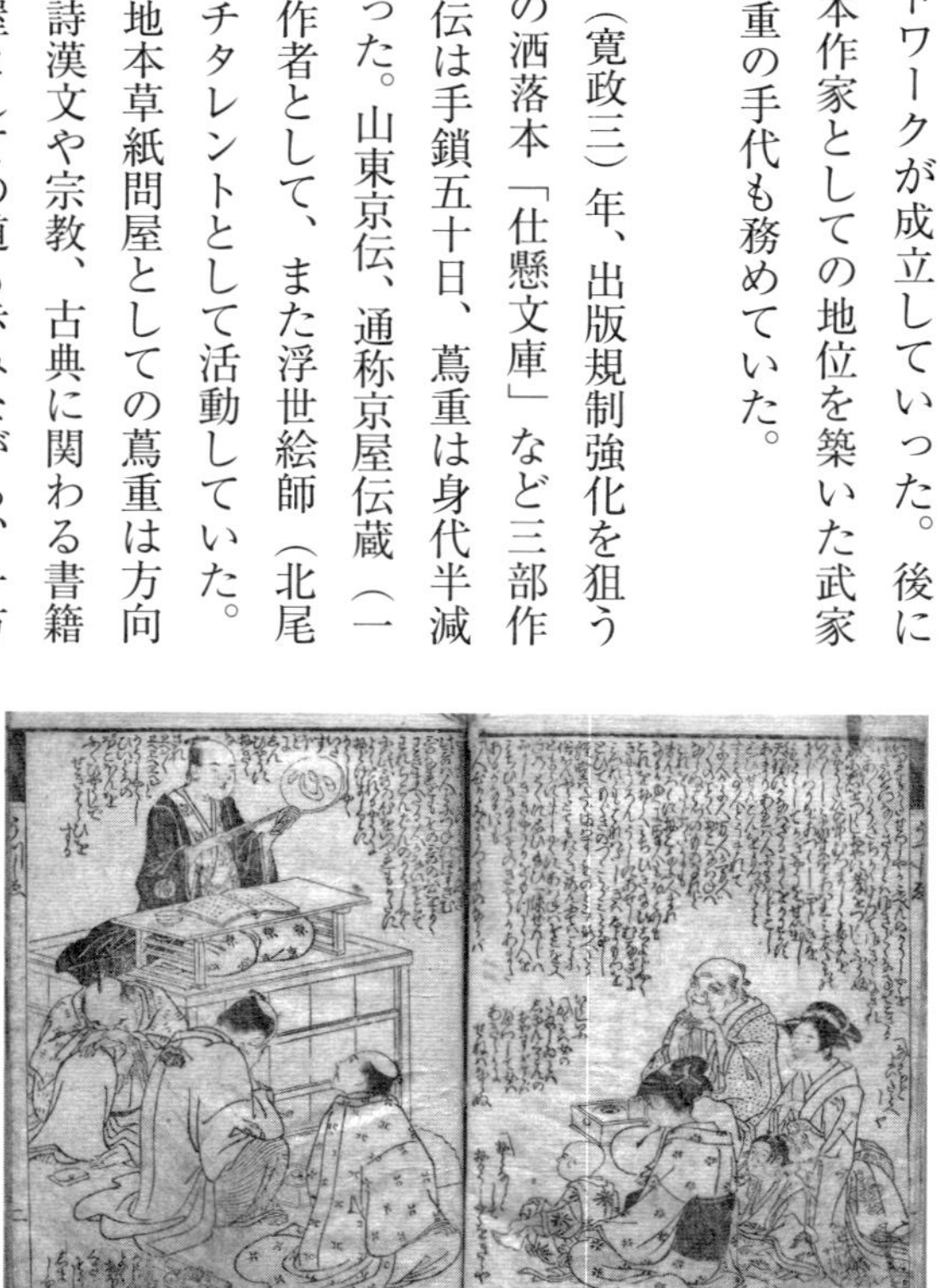

山東京伝作黄表紙「人心《ひとごころ》鏡《かがみの》写《うつし》絵《え》」（1796年）国立国会図書館蔵　画面左上に「心」を語る山東京伝が描かれている

中に見事に滲み出ている。

書籍や草紙など不特定多数を対象として情報伝達の機能を持つ出版物については当然支配する側の取締りの眼は厳しくなる。一七二二（享保七）年の出版取締令では、

「自今新板書物の儀（中略）猥りなる儀、異説等を取交ぜ作出し候儀、堅く無用たるべき事」

「好色の本類ハ風俗の為にも宜しからざる儀ニ候間、段々相改、絶板申付べく候事」

などと述べられ、人の家筋先祖のこと、とりわけ徳川家についてはこれを禁じ、作者版元、実名奥書を求めている。このほか「外国の風説」「浮説（＝うわさ）板行」の禁止など書肆が遵守すべき項目が記載されている。とりわけ享保の改革や寛政の改革期を通じて「異説」や「風説」の取締まりは強化され、幕政批判に類するものは厳しい取締まりの対象となった。

こうしたなかで活動する蔦屋重三郎のようなメディア・プロデューサーの存在は貴重なものであったといえる。

参考　蒔田稲城『京阪書籍商史』（高尾彦四郎書店　一九六八年）
諏訪春雄『出版事始・江戸の本』（毎日新聞社　一九七三年）
『別冊太陽　蔦屋重三郎の仕事』（平凡社　一九九五年）
松本寛『蔦屋重三郎』（講談社学術文庫　二〇〇二年）

「寛政重修諸家譜《ちょうしゅうしょかふ》」——人事情報モデルの誕生

先祖は一体どこまで辿れるのだろうか。「家柄」や「氏姓」などといった言葉はいまや死語となり、個人情報保護のもと個人に関するデータもその扱いが慎重になり、同窓会名簿や社内名簿が廃止となり、明治時代から続いた「人事興信録」（交詢社）も平成二十一年廃刊となった。こうした時代状況のなかで家譜や系図についての認識が希薄になるのは当然であるが、一方、多様な因子をもつＤＮＡ（遺伝子）が重視され、政治の世界や同族会社などでは「家柄」や「血筋」が重要な役割を演じ、二世三世が尊重されているところもある。

江戸時代、大名や家臣たちがその出自を明らかにし家譜をデータとして記録しておくことは武士が支配する社会の正当性を確保し体制を維持するために必要なことであった。また官職や俸禄とも連動し役職の担い手を選ぶうえでも重要であった。幕府がはじめて諸大名や旗本等武士の出自をまとめたのが「寛永諸家系図伝」（一六四三〈寛永二十〉年）であるが、完全ではなかったため寛政三（一七九一）年、幕府は再び「万石以下、拝謁以上」に対しても「家譜」の提出を求め、十四年の歳月をかけて編纂したのが「寛政重修諸家譜《ちょうしゅうしょかふ》」である。指揮をとったのは大学頭《かみ》林述斎、五十名近い武士たちが編纂に従事、徳川御三家、三卿などを除き、清和源氏、松平氏、平氏、藤原氏などの系譜に沿って家譜を掲載、個々人の生誕、養子縁組、元服、賜号、婚姻、襲封、領知、職掌、恩賞、罪科、致仕、死亡年齢、葬地などが詳細に記載され、一千五百巻を超える膨大な人事情報データ集となっている。これによって対象者がどのような系統の人物であるかや姻戚関係なども知ることができる。過去の人々の記憶は時間が経つにつれて希薄になるものであるだけに記録としてとどめることの意義は大きい。

もともと古代から「由緒」正しいことを証明するために、氏族や家族の血縁関係を代々記述していく習慣があり、「新撰姓氏《しょうじ》録」（九世紀）や「尊卑分脈《そんぴぶんみゃく》」（十四世紀）が編纂され、公家や武家を中心に次第に系図が重んじられるにつれ、応仁・文明の乱の前後には系図の売買や偽作が横行した。そ

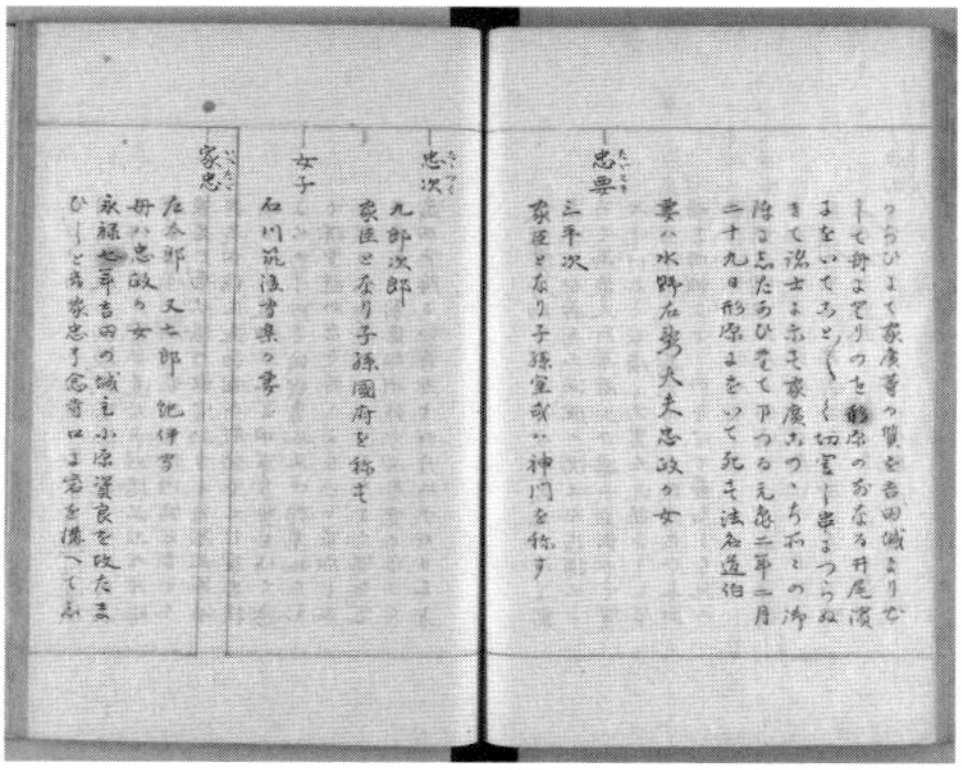

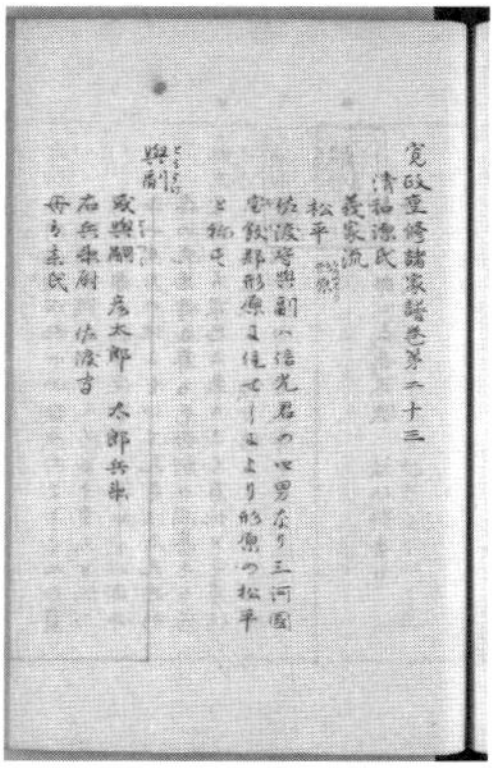

「寛政重修諸家譜」から「諸家譜第23松平家」国立国会図書館蔵

れだけに疑わしい家譜や系図をどう排除するかが大きな課題であった。「寛政重修諸家譜」の編纂にあたっては提出された家譜の真偽についても慎重な検討が加えられている。その冒頭に記された「条例」には、先に述べた「寛永諸家系図伝」が「をのづから（自）精粗ありて、詳細ひと（等）しからず」あるいは誤りも多かっただけに今回は「事実をしるすに、他書に拠なきもの、あるいはおなじかるべくして異なるものも、各家の伝説すてがたきはこれをの（載）す。また文辞のごときも、工（巧）拙雅俗を論ぜず、おほく所見にしたがひ、あへて潤色をくはへず、みだりに語を転ぜば、本意を失はむことをおそるるによりてなり」とあり、データとしての「信憑《しんぴょう》性《せい》の確保」にいかに力を注いでいたかがよくわかる。

高野山奥の院に祀られた毛利家墓所（筆者撮影）

こうした家譜にならって諸大名や家臣、旗本・庶民などの人事情報をまとめた「譜牒《ふちょう》余録」（一七九九〈寛政十一〉年、百巻）が作成され、各藩においても藩主や家臣の人事情報が整理、編纂されていった。

こうした人事情報の記録は、個々人についての説明を文章で連ねていく「文章系図」にはじまり、親から子・孫へと代替わりしていく過程を縦の線で示す「縦系図」（柱系図ともいう）、さらには兄弟姉妹を横の線で示す「横系図」へと発展、その集大成ともいえる「寛政重修諸家譜」は、今日、幕府編纂の史書「徳川実紀」等とともに江戸時代の歴史や人間関係を知るうえで貴重な史料となっている。一方、江戸時代を通じて大名や役人の人事情報を記載した「武鑑」が民間の書肆によって出版され重宝されてはいたが、正確さに欠けるところがあった。個々人が尊重される現在、先祖のありようなどについては関与を避ける傾向にあるが、時には親子や兄弟姉妹そして祖先のことなど肉親や世代の関係について考えてみるのも大切なのではないだろうか。

参考　『新訂寛政重修諸家譜』（二二巻　索引四巻　続群書類従完成会　一九六四年）

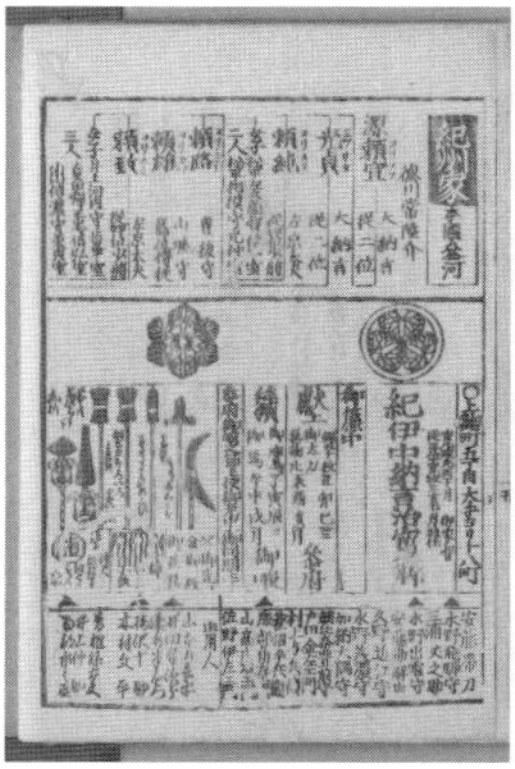

武家の名鑑「寛政武鑑　巻之一」国立国会図書館蔵

幕府の「データベース」を築く
――林大学頭述斎《だいがくのかみじゅっさい》

江戸幕府の要枢にあって「情報」や「データ」の価値を十分に認識し管理していた人物がいた。幕府の学問所の責任者、林大学頭述斎《だいがくのかみじゅっさい》（一七六八〜一八四一）である。十八世紀の寛政改革期、美濃国岩村藩松平家の出身であった彼は林大学頭信敬の死後、幕命で養嗣子となり、後に昌平坂の林家別邸の地を幕府に上納し、幕府の学問所としての基盤を築いた人物である。一八一一（文化八）年には朝鮮通信使に応接するため対馬に赴いたこともあるが、普段は幕府直轄の学問所運営にあたり時折将軍家での講義を行ったりしていた。まさに幕府御用の正統派儒学者の代表であり、既に述べたように「寛政重修諸家譜」の編纂にも関わっているが、注目されるのは幕府の正当性をサポートすべくさまざまな基礎資料やデータを整理・蓄積していたことである。

述斎は開祖・東照宮徳川家康に関する事跡を「寛永諸家系図伝」をはじめ膨大な資料の中から比較的信憑性の高い資料を駆使して実証的に編纂、「朝野旧聞裒藁《ちょうやきゅうぶんほうこう》」（千五十巻）としてまとめ、それ以降の歴代将軍の事跡についても「徳川実紀」という形で編纂を継続させた。

彼は幕府の正当性や存立に関わる諸々の基礎的データを幕府の編纂物として作成するキーマンとしてその指揮をとったのである。「新編武蔵風土記稿」や「武家名目抄」もそうした流れの中での編纂ではあるが、彼の基本的なスタンスは幕府権力の正当性を確保することにあり、その根拠を整えることであった。

すでに五代将軍吉宗の時代、将軍自ら陣頭指揮で徳川将軍家の存立を明らかにする歴史、出自、法令などについてのデータベース化が始まってはいたが、寛政期の林述斎の作業はいわばその第二期にあたるものであり、幕藩体制を維持するための再点検が必要だったのであろう。老中松平定信の信任が厚かった林述斎はその意を体していわば「情報プロデューサー」としての役割を果たしていたといえる。彼は中国の書でありながら本国ではすでに失われ日本に残存していた書籍六十冊を「佚存《いつぞん》叢書」と題して一七九九（寛政十一）年から順次刊行しているが、まさにデータベースを重視する彼の姿勢が滲み出ている。

一方、幕府の正史とは別に水戸藩藩主徳川光圀のように

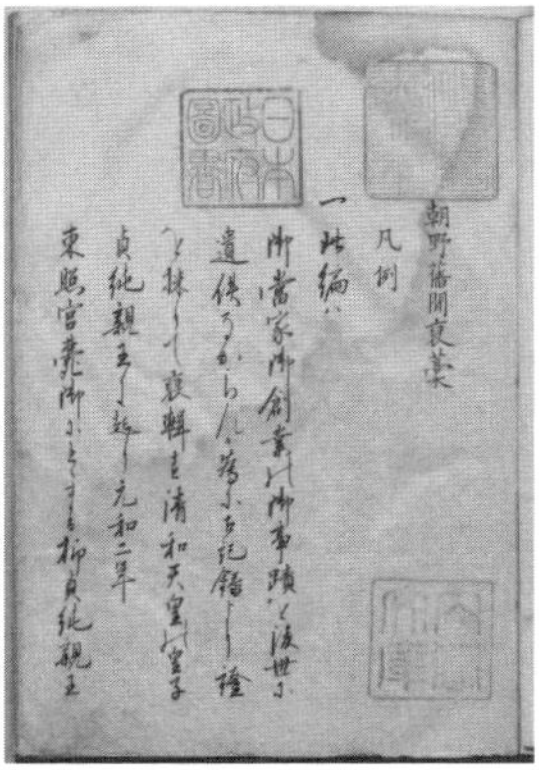

「朝野旧聞裒藁」　国立公文書館蔵

独自の歴史観をもとに構想した「大日本史」（十七〜二十世紀、編年体でなく人物事象中心の紀伝体）のような歴史著述も現れ、述斎もそれなりの評価をしているが、彼の場合はあくまでも将軍家を中心とした事跡に関する資料の収集が根幹であった。彼は単なる指示者にとどまらず客観的な視点を確保すべく自ら膨大な資料にも目を通していた。該博な知識だけではなく、「情報」そのものについて強い関心をもつ述斎の姿は、彼と親交のあった九州の大名松浦静山《まつらせいざん》の著「甲子夜話《かっしやわ》」にしばしば「林氏曰《いわく》」としてその動静や意向が記され、その一端をうかがい知ることができる。

例えば、静山が述斎の家を訪ね、書斎で反古になった書冊を見ていたところ余白に日々見聞した事柄や交友関係、気に入った文章などが事細かに記録されているので驚いた（巻四六）と記している。述斎は普段から自らが関わった情報に敏感であったのであろう。また、述斎が朝鮮通信使（Ⅳ章参照）応接のため対馬に赴いた折のエピソードも紹介されている。生憎の天気で浪高く多くの人々が船酔いに苦しんでいる時、彼だけは泰然自若としていたので周囲の人たちが船酔いしない体質なのか尋ねたところ、船酔いは誰も同じ、「大事な公務」だから酔わないのだと答え、実は公務を終えた帰路は気分が不快ですぐれなかった、という話も紹介している（巻二九）。このほか虚無僧についての「家康公御定」という書付をめぐって、虚無僧は武士の出自が多く学問によって道理を学ぶべしという観点で述斎は入門を許してはいたが、果たしてこの書付の写しが正しいのかどうか確認したいのだ、と述べていたという（巻七六）。こうしたところにも彼らしい客観性を重視する実証的な姿勢がうかがえる。

述斎は儒学者の佐藤一斎の兄弟子としても知られているが、一斎によれば彼の関心は政治にとどまらず教育すなわち人材の育成にあり、「初学課業次第」（述斎の口述を一斎が記録）などを残しており、朱子学のみならず地理、歴史、天文暦算など広い視野をもった人材を求めていたという。同時に仕事に対しては「正」と「公」の二字に尽きるという誠実な人物でもあった。老中松平定信とは勿論親しい間柄ではあったが、必ずしも「異学の禁」に賛同していたわけではなく多様な考え方が必要であるとの認識をもっていた。恐らく情報が多様であればあるほど多様な観点からものが見えてくると感じとっていたのであろう。彼は京都の「詩仙堂《しせんどう》」を再興維持するにあたって募金活動に一役買うなど文化遺産への関心も高かった。今日、江戸時代を知るうえで不可欠な一級資料が残り得たのも彼のような「情報」に関するプロデューサーが幕府に存在していたからである。

参考　田中佩刀「林述斎論」（『宇野哲人先生白寿祝賀記念東洋学論叢』一九七四年）
松浦静山『甲子夜話』全六巻（中村幸彦、中野三敏校訂　東洋文庫　平凡社　一九七七年）

「耕稼春秋《こうかしゅんじゅう》」

——農作業のノウハウを伝える

「伝に曰く、その父はたがや（＝耕）せるも、その子はあえて播《は》せず。予、丁役《ていえき》に就きて以来深くこの言に激するあり。旦夕《たんせき》、孳々《しし》（＝たゆまずつとめる）として、あえて播せんと欲す」

今から三百年前、一七〇七（宝永四）年に著された「耕稼春秋《こうかしゅんじゅう》」全七巻の序文にはこう記されていた。すなわち、「父が耕作をしているのにその子は農作業をしようともしない」という言い伝え（中国の「書経」）があるが、自分は一人前に働き始めてこのかたこの言葉に心を打たれ、朝な夕な農業に真剣に取り組みたいと思った、という書き出しである。筆者は金沢の農民、土屋又三郎。大庄屋ともいうべき「十村《とむら》」の役割を担う地域のリーダーであった。

百万石の大藩・加賀の国では前田家が入封以来、安定的な年貢の徴収に腐心しており、有名な「改作仕法《かいさくしほう》」による農業改革を試行していた。そうした流れのなかで彼は北陸地方に相応しい農作業のモデルを模索していた。当時全国に知られはじめていたのが宮崎安貞の「農業全書」（一六九七〈元禄十〉年）で、土屋又三郎も一部に引用を行っているが、基本的には自らの経験をもとに地域農民のために農作業のノウハウをまとめていた。

一年間の農作業行事の紹介ではじまるこの書の四月（旧暦）の項をみると、「中旬はどこでも田植えの真最中、雪深い年は五月までかかることもあるが稀である。田植えの女性は一人で一日三百五十歩（＝坪）ほど植える。鋤馬は女性五人に一頭ずつを宛がう」「この時期は菜種を刈取ったり、麦畑の跡地整理などで人手が足りず方々から雇入れなければならない。（中略）石川郡では手間賃は昼食つきで一日四十文から五十文ほどかかる」などとある。こうして夏から秋の収穫の後、「年貢などを納めた後、男たちは莚《むしろ》を織り、縄や米俵を拵える作業にとりかかる」十二月を迎えるのである。

具体論では、稲作については種子、籾の扱い方から苗代の準備や耕作の手順などを述べ、大麦、小麦、粟、稗、大豆、

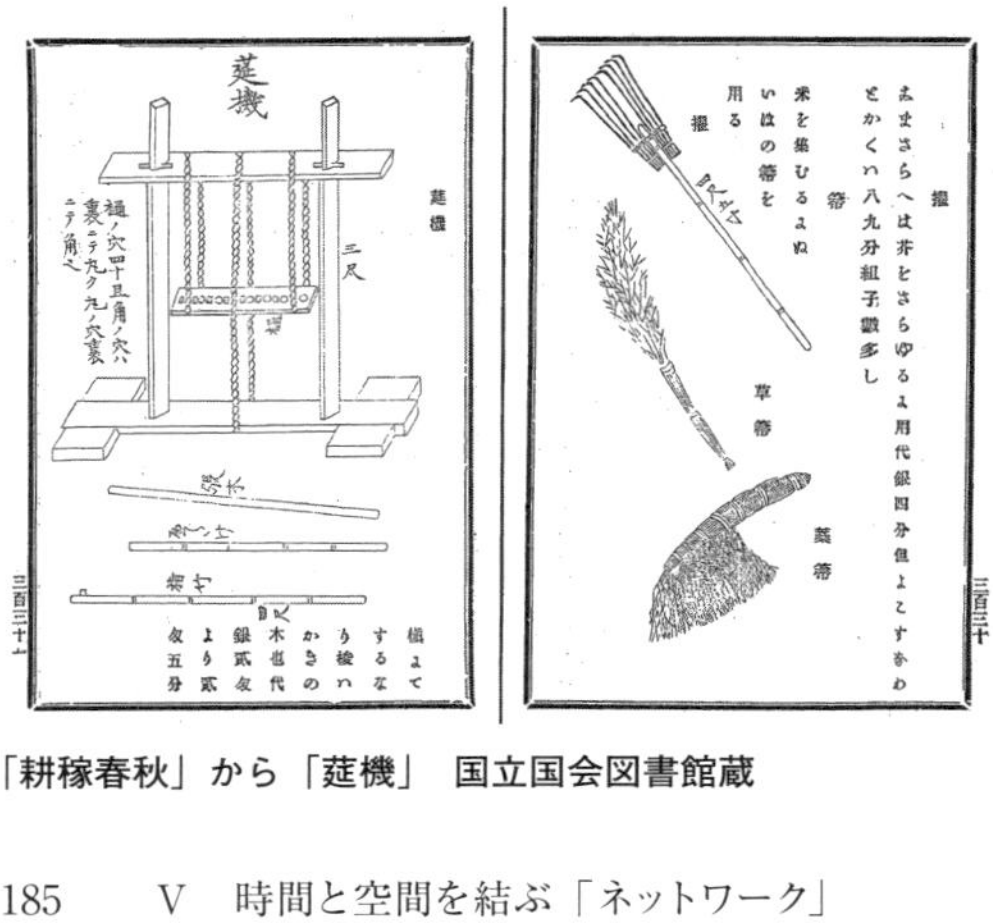

「耕稼春秋」から「莚機」　国立国会図書館蔵

蕎麦、胡麻、木綿、茄子、西瓜や芹など田畑の作物については栽培方法を詳述、さらに基本的な用水や肥料、害虫にも言及している。特に北国の雪害対策については「冬雪が降らないと翌年は不作になる」との言い伝えをはじめ当地のさまざまな経験則を紹介している。天気予報では「朝霧がなく露あるときは天気がよい」「海水が暖かくなると波が出、波が高くなると風が吹く」「天の星が近く、大きく見えるときは雨になる」「冬寒く鳥が群がり騒ぐときは雪になる」などとある。このほか農家に必要な農耕・運搬用具、桶類、脱穀・加工具など各種農機具についても形状やサイズをイラスト入りで詳しく説明、地域の若者たちに伝えようという意欲が漲っている。

農作業に関するノウハウはとかく口伝に終わりがちであるが、文字に書き残すことでしっかりと次代に伝承していく。東北地方を代表する佐瀬与次右衛門の「会津農書」（一六八四〈貞享元〉年）をはじめとして地域のリーダーたちによるこうした動きが江戸時代初期から日本の各地で始まっていたことは特筆されよう。いずれも地元に密着した農業技術の革新と農作業の経営課題の解決を目指しており、こうした各地の情報は写本や口コミなどの形で次第に全国規模のネットワークに発展していく。まさにユビキタス社会の源流である。日本の基幹産業である農業は江戸時代以来こうした側面からも支えられてきたのである。

参考　土屋又三郎「耕稼春秋」（『日本農書全集』四　農山漁村文化協会　一九八〇年）

「五人組」制度

――地域とコミュニケーション

「何事によらず、五人組の内にて御法度《ごはっと》に相背き候儀ハ申上げるに及ばず、悪事仕り候者此有候はば、其組より早速申上べく候」

これは江戸時代の「五人組帳前書」に記載されていた法令の標準的な一節である。「五人組」はいわば行政の最末端の組織で、農山村を中心に村々の本百姓を五戸程度の小グループで組合わせ、年貢の納入や治安維持などを目標に結成されたものである。もともと豊臣秀吉の時代、武士の相互監視を目的に設けられたが、十七世紀初頭、町人（地主等）も含め整備され、キリシタン対策や浪人の取締りという役割も担っていた。とりわけ農村の場合は産業の基盤である田畑を質に入れたり売買することを抑制し、年貢を着実に徴収し夫役を確実にするためにも日常的にメンバーが相互扶助でき、犯罪者は排除できるよう、また火災に対しては団結して消防活動にあたるよう安定した基盤整備を行うことが目標であった。十八世紀後半には頻発する一揆や逃散などに対して未然に反抗的な芽を摘み取ることができるよう仕組まれていた。おそらくは目立たぬように農民などの情報を収集する場としても機能していたのであろうか。

地域によって差異はあるにせよ、基本的には武士が直接的に支配するより農民自身がいわば連帯責任で共同体を維持していくシステムであり、武士との接点である庄屋や名主が中心になって仕切っていくものであった。こうしたシステムは都市部でも同じように導入されていた。

「五人組帳」は法令などの前書を遵守することを記した五人の連名で毎年領主・村役人に提出され、頭書のように「前書」の法令部分は時代によって変化している。初期には逃散禁止など項目も少ないが、キリシタンや浪人の取締り公儀諸法度の理解など項目も増加している。こうした内容は庄屋などが村人に読み聞かせる「上意下達」により情報の流通が図られていた。こうして地域により差異はあるにせよシステムとして組織化され定着していったところに日本人の集団行動の原型を感じることができる。同じ頃寺院の檀家として登録する寺請制が実施され、宗門人別改帳が広まるにつれキリシタンの取締まりは五人組帳からこれに移行していった。

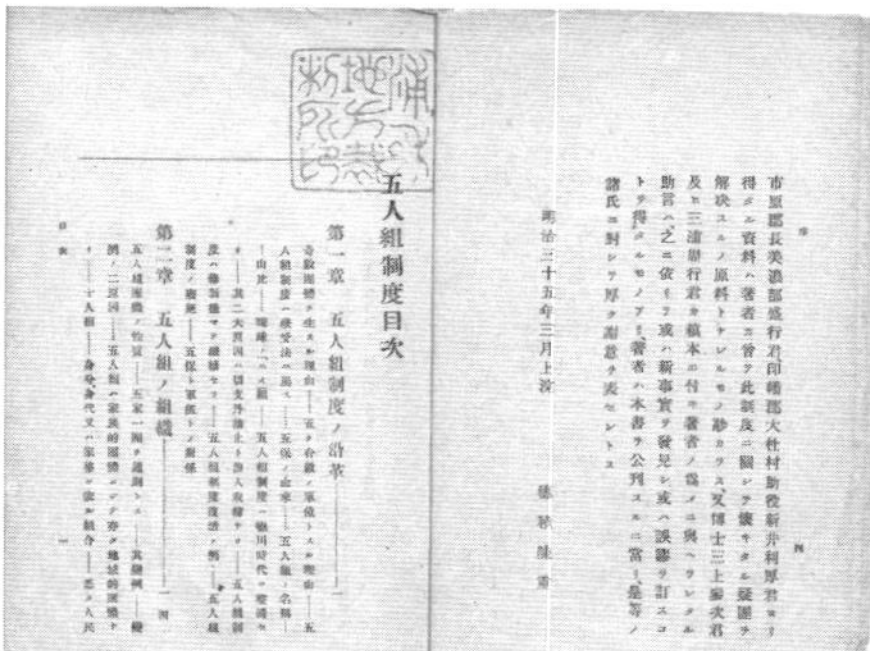
明治三十五年三月上浣
穂積陳重

五人組制度目次
第一章　五人組制度ノ沿革
第二章　五人組ノ組織

穂積陳重「五人組制度」（1902年）国立国会図書館蔵

一六四二（寛永十九）年の「覚」には「百姓は雑穀を食し、米を多く食さないこと」「酒造りは禁止」「わき百姓の衣類は布木綿、袖は短く」「一人身の百姓で耕作しづらい時は村全体で助けること」など細かい指示が出されており、狭い地域の中で生きていくための知恵が詰められている。

第二次大戦中、いわゆる「向う三軒両隣り」として知られた「隣組」という名の「町内会」制度はまさに「五人組」の精神を継承したもので、互助組織であると同時に翼賛政治を昂揚する仕組みともなっていた。互いに監視することで脱落を阻止する仕組みであった。こうした流れの中で今も地域の互助機能を果たしているのが「町内会」や「自治会」組織で、町内会をいくつか束ねた支部組織もある。行政情報の周知や祭礼行事、慶弔情報にも活用され、回覧板を配布、僅かながらの年会費で活動している。高齢化やマンションの普及などで近所付合いそのものが希薄になり、国勢調査もネットで行われる時代、「五人組」制度の流れをくむ地域のコミュニケーションも大きく様変わりしつつある。

参考　『徳川禁令考　前集五』（石井良助校訂　創文社　一九五九年）
穂積陳重『五人組制度論』（有斐閣　一九二一年）
大内田鶴子『都市近隣組織の発展過程』（春風社　二〇一七年）
竹内誠『江戸社会史の研究』（弘文堂　二〇一〇年）

「人倫訓蒙図彙《じんりんきんもうずい》」
――百科事典の誕生・ネット検索への道

いつの時代も世の中のことを知るのに便利なのが百科事典である。江戸時代にはこうした期待に応え、十七世紀ころから多くの類書が発行されてきた。最初にまとまったのは一六六六（寛文六）年、中村惕斎《てきさい》による「訓蒙図彙《きんもうずい》」二十巻、十四冊。多様な期待に応え、天文、地理、身体、衣服、動植物に至るまで多様な項目についてビジュアルに図説（挿絵・源三郎）、版を重ねるごとに図も増え、ケンペルの「日本誌」にも活用されている。

同時代の一六九〇（元禄三）年には書林平楽寺開板の「人倫訓蒙図彙」七巻がある。

「上貴き公卿より庶人の賤しきにいたるまでの其所作を、くわしく家々に尋ねて来由をただし、或は唐大和の書にあるを考へあつめて、人倫訓蒙図彙と名付るもの」

この巻頭言のある巻一（公卿や武家）から始まって、俳諧師医師などの能芸部（巻二）、農夫猟師船頭焼物師など農山漁村の生活（巻三）、呉服屋酒屋本屋八百屋などの商人（巻四）、表具師縫物師蒔絵師などの細工人（巻五）、大工鋳物師乗物師菓子師などの職人（巻六）、狂言役者人形遣獅子舞などの芸能関係者（巻七）まで続く。

例えば巻三の「飛脚」の項目には、「江戸へは六日、荷物一貫目につき六匁、尾張へは一匁五分」などとあり、巻六の菓子師の説明には「諸々の乾菓子、羊羹、饅頭の類、饂飩、蕎麦切これをなす」などとある。このように商人や職人の仕事ぶりを文言と図入りで説明することで理解が得られ、実にさまざまな生業があることがよくわかる。

十七世紀の後半から十八世紀にかけて江戸時代の体制が固まってくるにつれ、庶民の日常の生業も活発化していった。挿絵は井原西鶴の挿絵でも知られる挿絵師の源三郎も関わったとみられているが、こうしたビジュアルな挿絵によって読み手はイメージを高め共感したのであろう。なお版元の平楽寺は寺院ではなく日蓮宗

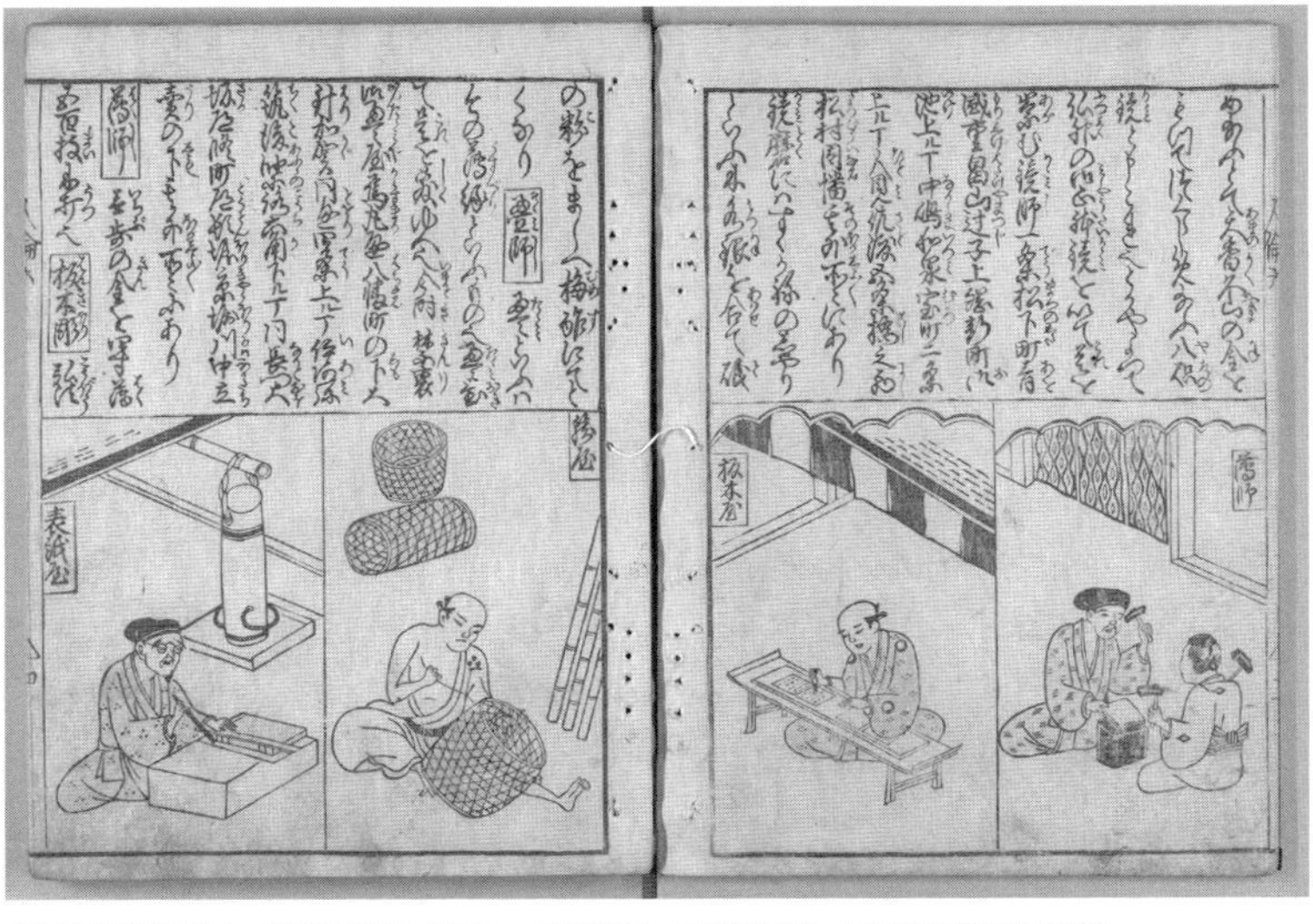

「人倫訓蒙図彙」（蒔絵師源三郎他　元禄3年　平楽寺版）国立国会図書館蔵

関連書などの発行元で大坂高麗橋と江戸日本橋に店舗があった。

さらに時代を経て一七一二（正徳二）年の自序がある寺島良安の「和漢三才図会《さんさいずえ》」は百五巻。天文、気象、暦に始まって身体、官位、技芸、兵器、刑罰、衣食住から果樹草木に至るまで簡単な挿絵を用いて解説している。異国の人物については海外の情報が閉ざされていたなかで中国の王圻「三才図会」（明代、一六〇七〈万暦三十五〉年、百六巻）を参考に解説、韃靼や女真、大宛《たいわん》など異国人物のほか外夷人物として氐人《ていじん》（人面魚）や三身《さんしん》（一首三身）をはじめ羽を持って空を飛ぶことのできる羽民《うみん》など荒唐無稽な姿が数多く掲載されている。百科事典としての情報源は書籍などの出版物に限られてはいるが、同時期の西欧におけるエンサイクロペディア（百科全書）（十八世紀、フランス）と軌を一にした情報の集積であったといえる。

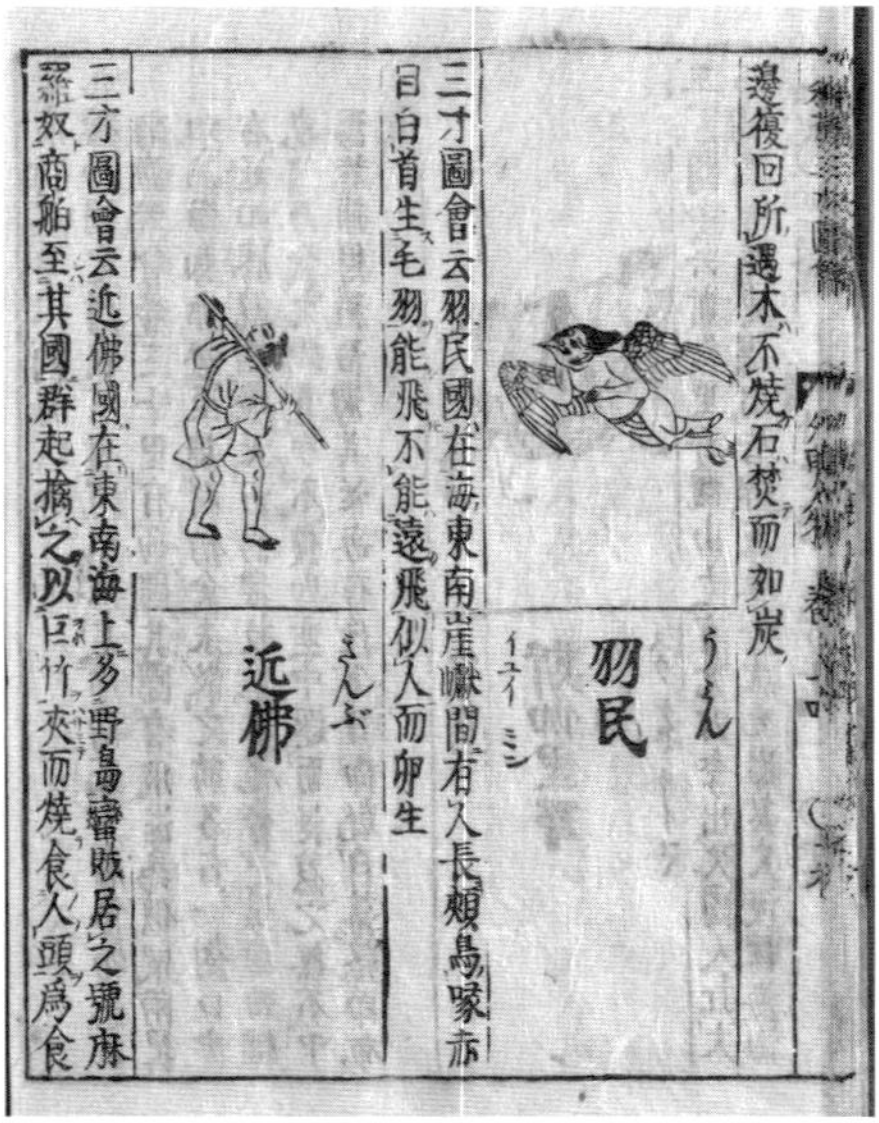

「和漢三才図会」に記載された「羽民」
国立国会図書館蔵

このほか幕末の一八三〇（天保元）年、喜多村信節は「嬉遊笑覧《きゆうしょうらん》」（付録とも十三巻）を著し、江戸、京阪三都を中心に生活や風俗について和漢の典籍をもとに解説、江戸後期の風俗を知る貴重な資料となっている。また、幕末の一八一〇（文化七）年大坂に生まれ、後に江戸へ居を移した喜田川守貞《もりさだ》には「守貞謾稿《まんこう》」三十五巻があり、衣食住から貨幣、職業、娯楽、駕車に至るまで図解入りで解説しているが、出版されたのは明治時代になってからのことである。百科事典はいつの時代も必要とされ、今やネット検索やウイキペディアですぐ調べようとする時代、正確さをどう確保するかが今後の課題である。

参考　『人倫訓蒙図彙』（朝倉治彦校注　東洋文庫　平凡社　一九九〇年）

縄張奉行《なわばり》

——名城を支える技術と組織

　東京の皇居東御苑の一角に忠臣蔵の浅野内匠頭《たくみのかみ》と吉良上野介《きらこうずけのすけ》の刃傷事件で有名な「松の廊下」の跡がある。いまや周囲を高層ビルで囲まれ江戸城本丸の威容は知る由もないが、わずかに桔梗門《ききょう》（内桜田門）周辺の富士見櫓《やぐら》や大手門（高麗門）などに当時を偲ぶことができる。現存する名城の多くは江戸幕府草創期の十七世紀初頭に建造、修築され、美しい天守閣で知られる世界遺産の国宝・姫路城も近年大掛かりな改修工事が進められ、別名・白鷺城とも称されるように白くて美しい姿が戻ってきた。城内ではいまはやりの「姫路城大発見アプリ」で要所要所で動画入りの解説が受けられる。福岡黒田藩の開祖・黒田勘兵衛孝高はこの城で生まれ、その後豊臣秀吉も入城、一六〇〇（慶長五）年城主となった池田輝政が五重七階の天守閣を構築したものである。こうした名城はこのほか松本城をはじめ犬山城や彦根城、松江城など枚挙に暇がない。城郭《じょうかく》は掘割、虎口《こぐち》、櫓《やぐら》、城門をはじめ要塞堅固《ようさいけんご》を第一とし、戦国時代以来、兵農分離の象徴として平城《ひらじろ》・山城を問わずランドマークとしての役割を果たしてきた。

その城郭を築くにはまず地形にあわせた縄張り（＝全体設計）が必要である。縄を張って建物の位置を決めるべく構想力をもった縄張奉行の任に当たるには優れた計数能力と全体像をイメージできる能力が必要であった。歴戦の武将の中でこれに該当する人物は限られており、近江国出身で徳川家康の信任が厚く後に津の藩主となった藤堂高虎《とうどうたかとら》はその代表として知られ、任地でもあった宇和島城や今治城をはじめ伏見城、篠山城、伊賀上野城など多くの城造りに寄与してきた。城の造築は土木工事を担う「普請」と建物の建築を担う「作事《さくじ》」から成り立っており、江戸幕府になってからは地方の大名が軍役の一種としてこうした城普請（手伝普請）を命ぜられ、造築の基盤を支えてきた。大名の負担は石高に応じて定められており、山や河原で採石した石材を船で城地まで運ぶ作業は大変なものであった。当然土木普請に従事する要員の確保も必要であり、広大な土地での大規模工事を迅速かつ的確に遂行するためには、例えば「組」ごとに仕事を割り振る「割普請」といった分業の仕組みや組織的な工程が不可欠であった。

伊賀上野城（天守閣、昭和時代の再建、著者撮影）

とりわけ戦略拠点としての城郭では攻め落とされないための堅固な石垣が重要であった。大坂城（再築）や伊賀上野城の石垣のように三〇mを超える高さのものもあるが、巨大な積み石の確保や石積みの方法、勾配のつけ方には独自の工夫が施されていた。石積みを受け持つ職人である石垣師のなかでは琵琶湖西岸の「穴太《あのう》」の石垣師が有名で、各地に「穴太積」としてその成果を残している。同じ近江国出身の藤堂高虎が彼らを重用したことは想像に難くなく、彼が縄張奉行として活躍できた秘密の一端もそこにあるのかもしれない。

津藩の初代藩主「藤堂高虎像」（筆者撮影）

城の内部には藩の政庁としてまた大名の住居として御殿が建造され、作事方を中心に組織的な建築工事が行われていた。ここでも職能に応じた分業体制と組織化が進み、やがて積算の根拠となる「本途帳《ほんと》」といわれる工事諸表が成立、これにしたがって大工や棟梁たちは効率的な仕事に取り組むこととなる。決して豊かではない財政のもとで工費をいかに圧縮するか、物品費や手間賃をどれだけ抑え作業の工程を効率化できるかが絶えず問われていた。大広間や小座敷など建物の用途ごとに坪当たりの標準工数や作業人数が設定され、これらを積算することによって全工程の管理が可能となっていった。大工、木挽、壁方、屋根方などといった職人たちの集団はこうしたなかで専門性を競っていたのである。

幕府の草創期、藤堂高虎が実戦の経験も生かして縄張奉行に度々重用されたのは彼が「算用」（数学）を重視する数少ない大名の一人であったことにもよるが、その志は「算用」に秀でた武士や建築を業とする人たちに継がれていった。ヨーロッパの大聖堂や宮殿のように豪壮な石造建築ではないが、組織的、効率的な建造力は江戸時代を通じて蓄積され、本四架橋やドーバー海峡トンネルや黒部ダム建設など現代日本が誇るシステマティックな土木建築技術へと引き継がれていったのではないだろうか。

参考　伊藤ていじ『城　築城の技法と歴史』（読売新聞社　一九七三年）
西和夫『江戸建築と本途帳』（ＳＤ選書　鹿島研究所出版会　一九七四年）
市村佑一「ある外様大名の生きざま～藤堂高虎の場合～」（『地方文化の日本史』六　文一総合出版　一九七七年）

飛脚と宅配

——前島密《ひそか》の「血液循環論」

日本の郵便事業の父といわれる前島密《ひそか》の記念館は雪深い越後高田（現在の上越市）の田園地帯の中にある。一八三五（天保六）年、この地の豪農の家に生まれた彼は若くして江戸に遊学、その後この時代の青年らしく好奇心の赴くまま各地を周遊、医学や蘭学、航海術を学んでいた。一八六六（慶応二）年幕臣前島家の嗣子となり、維新政府に出仕する。

時代の転換期を生きた人物ほど「情報」の役割を実感した者はいないのではないだろうか。先行きの見えない時ほど新しくて信頼できる情報が必要となる。当時の情報伝達といえば文書による手紙が第一であるが、駅伝による飛脚の制度は大名飛脚、町飛脚など整備されていたとはいえ江戸～京都～大坂間に要する日数は一日一二〇～一三〇㎞で走り継いで早くても四日を要し（鎌倉時代の六波羅飛脚のような早馬を利用した場合一日一七〇㎞程度）、所用六日ということで「定六」といわれた町飛脚も一週間以上かかることが多く、便利とはいえ配達に要する費用は高く誰もが利用するというわけにはいかなかった。

一八七〇（明治三）年、民部大蔵省の租税担当であった前島は駅逓権正《えきていごんのかみ》を兼任、郵便制度の近代化に取り組むこととなる。しかし、六月ロンドンで発行された国債のトラブル解決のため英国に出張することとなり、後任にはフランスの郵便制度を実見してきた杉浦譲が就任することとなった。

翌四年正月「郵便創業の布告」が太政官から発せられ、ドイツで紙幣の印刷状況などを視察していた前島は、欧米の郵便制度をさまざまな形で実感しその有用性に注目、この年八月、一年ぶりに帰国すると同時に志願して駅逓頭に就任、近代的な逓送制度の実現に取り組むこととなった。

前島の基本的考え方はこうである。「治国の要は通信の快速四達に在り」「異郷にありて知りたきものは郷信なれども、当時その方法なく」「一帝国にして不変の通信路なく、随って官私遠近の事情通ぜず、人情親密を欠き、風俗言語も次第に相遠ざかるは政治上の大不利なり」。また「官たると民たるとを問わず、その音信を迅速にかつ安全に通達せしむることの切要なるは、なお人

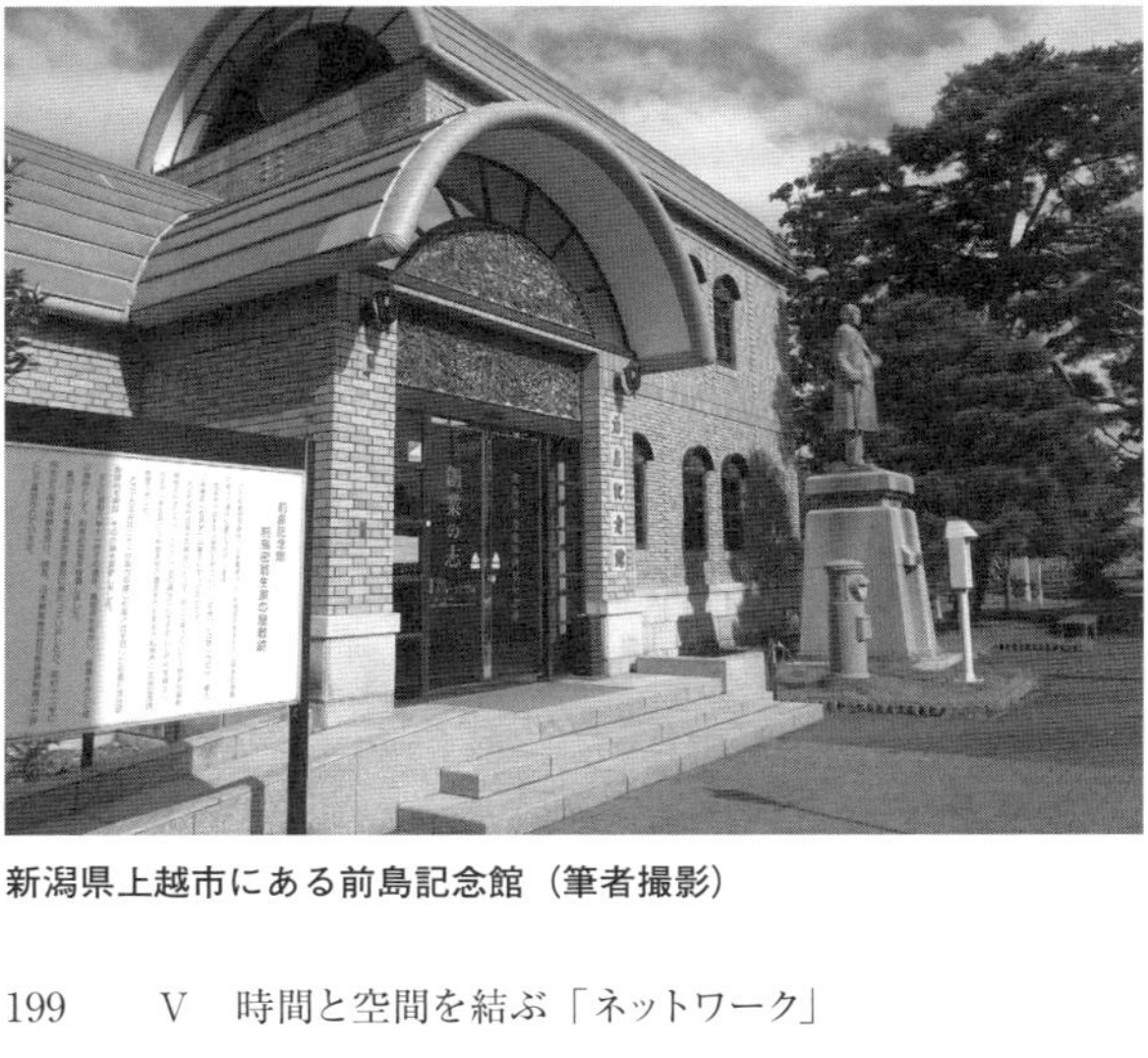

新潟県上越市にある前島記念館（筆者撮影）

体における血液運行の敏活自在を必要とするが如し。苟《いやしく》もその運行にして遅滞壅塞《ようそく》（＝ふさぐこと）せば、何ぞ健剛活発なるを得んや。今や忝くも人体の血脈に等しき通信線路の管轄は、余が掌中に落ち来れり」（「前島密自叙伝」）。

新しい制度では、全国一律の料金で全国に郵便網を張り巡らすこと、切手の発行と押印システムの採用、馬車および新設の鉄道、船便を利用すること、金子《きんす》入書状を扱うこと、外国と対等の郵便扱い、情報流通のため報知新聞を発行することなど近代郵便制度の定着が図られていた。前島はロンドンに出張した折、アメリカの飛脚船（郵便船）に乗船する機会があり郵便の重要性を肌で認識することとなったが、イギリスのローランド・ヒルが提唱していた遠近均一の郵便料金（一ペニー）にも賛同、郵便為替を実地に見学したことなどが彼の考え方に大きな影響を与えている。江戸時代以来の飛脚問屋は維新以後も活動を続けていたが、新しい制度としての官営の郵便制度に対しては死活問題にかかわると激しく抵抗していたものの、遠距離高運賃では

前島密　国立国会図書館蔵

前島のいう全国均一料金論に対抗することはできなかった。余談ながら「郵便物」という名称は当初「駅逓便物」と考えられていたが、字数が少なく語呂も良いということで「郵便」の名称が採用されたといわれている。

いずれにせよ彼は郵便制度を設けることで国家に「情報」の「血」が流れると考え、自著の「郵便創業談」(逓信協会)の中でその根拠を次のように述べている。

「通信の国家に於けるは、恰も血液の人身に於ける様な者である。人身は血液の循環に依て生活もし且健全を得るのであるが、血液の循環するは血管があるからである。もし血管が塞がった日には忽ち人身の健全を害し、其生活も遂には出来ない。之を一国に譬へて見れば、通信は即ち血液で、血管は駅逓である」

「政治経済を初め、其他百般の事物に関して、血液たる通信の滞りなく全国に快達し、為にコンニチノ如く能く活発肥満なる国家が出来た」

いわゆる「血液循環論」である。前島はこの考え方を米国の宣教師ウリアムスから学んだと述べている。一八七一(明治四)年、長崎~ロンドン間が海底電線によって結ばれ電信による情報の送受信が可能となるが、鉄道便、航空便、宅急便などをはじめとする今日の流通システムはこうしたユニバーサル・サービスの考え方をもとに発展し、ネットワーク産業そしてコンテンツ＝情報産業へと発展していったのである。郵政民営化によって生まれた日本郵便株式会社が株式を上場したのは二〇一五年秋のことであった。

参考　前島密『自叙伝』『郵便創業談』（前島密伝記刊行会　一九五六年）
石井寛治『情報・通信の社会史』（有斐閣　一九九四年）
藪内吉彦『日本郵便創業の歴史』（明石書房　二〇一三年）

Ⅵ

「未知」とのコミュニケーション
～飽くなき好奇心～

ためして合点・エレキテル

――ブラックボックスを読み解く

二〇一四年、東京スカイタワーのソラマチ九階に新設された郵政博物館。ここにはあの有名な平賀源内が関わったというオランダわたりのエレキテル（摩擦起電機）が保存されている。縦二七cm、横四七・五cm、高さ二六・五cmの木箱の中には、ハンドルを回すとベルトで結んだ木製のガラス瓶が回転、金箔を張った枕との摩擦によって静電気が発生する装置と、銅線で導かれた蓄電瓶が設けられている。普段は箱の内部は見えないようになっていてハンドルだけが外にでているというまさにブラックボックスである。平賀源内が関係者から譲り受け、その仕掛けを読み解き静電気の発生に成功したのは十八世紀後半のことであった。

江戸時代、オランダから舶載されるヨーロッパ最新の情報は勿論初めてのものばかり、その中身をどう理解するかが問題であった。医師の杉田玄白等が有名な「解体新書」を翻訳した時もそうであったに違いない。腑分けに立ち会ってはじめて納得、自信をもって翻訳に取り組んだのである。十八世紀半ば日本に舶載されたエレキテルに直ちに言及したのは後藤梨春《りしゅん》の「紅毛談《おらんだばなし》」（一七六五

〈明治二〉年）で、その後実物をもとに解説したのが蘭学者森島中良《ちゅうりょう》の「紅毛雑話《こうもうざつわ》」（一七八七〈天明七〉年）であった。「此器たるや、遠西の人、電光の理を究めて作り初たりといへり」と詳しく図解している。エレキテルはもともと電気ショックを利用した医療器具として期待されており、森島中良は名門医家桂川甫周《かつらがわほしゅう》（幕府の奥医師）の弟にあたり、長崎情報を比較的入手しやすい立場にあった。中良の戯作の師匠でもある源内はこうした交友関係も生かしてエレキテルの作製に成功、桂川家でも数十個のエレキテルを製作していた。

「電気」についての研究は十八世紀以降欧米諸国で急速に進み、ヨーロッパでは静電気を蓄える「ライデン瓶」が発明され、アメリカではフランクリンが凧を利用して避雷針を考究するなど来るべき「電気」の時代に向けての試みが行われていた。こうした流れの中で、十九世紀初頭、日本人にとって

「エレキテル」郵政博物館蔵

未知の世界、「電気」について記述をしたのが橋本曇斎《どんさい》（宗吉）の「阿蘭陀始制エレキテル究理原」（一八一一〈文化八〉年）で、静電気をより効果的に集めるため真鍮製の部品を採用するなど独自のアイディアも生かしつつさまざまな電気実験を行っていた。

とりわけ面白いのは「百人嚇《おびえ》」あるいは「百人様《ためし》」と呼ばれる実験で、電気ショックを人々に体験させるものであった。私自身かつて小学校の理科の授業でクラスの生徒が手をつないでコンセントの両端に触り、ビリビリっとした電気ショックに驚いた経験があるが、それと同様な方法を医療にも取り入れる一方、大坂などでは見世物イベントとして興行され話題を呼んでいた。

鎖国の時代、このように書物や理屈だけでは理解しづらいことを自らも実体験していく実証的態

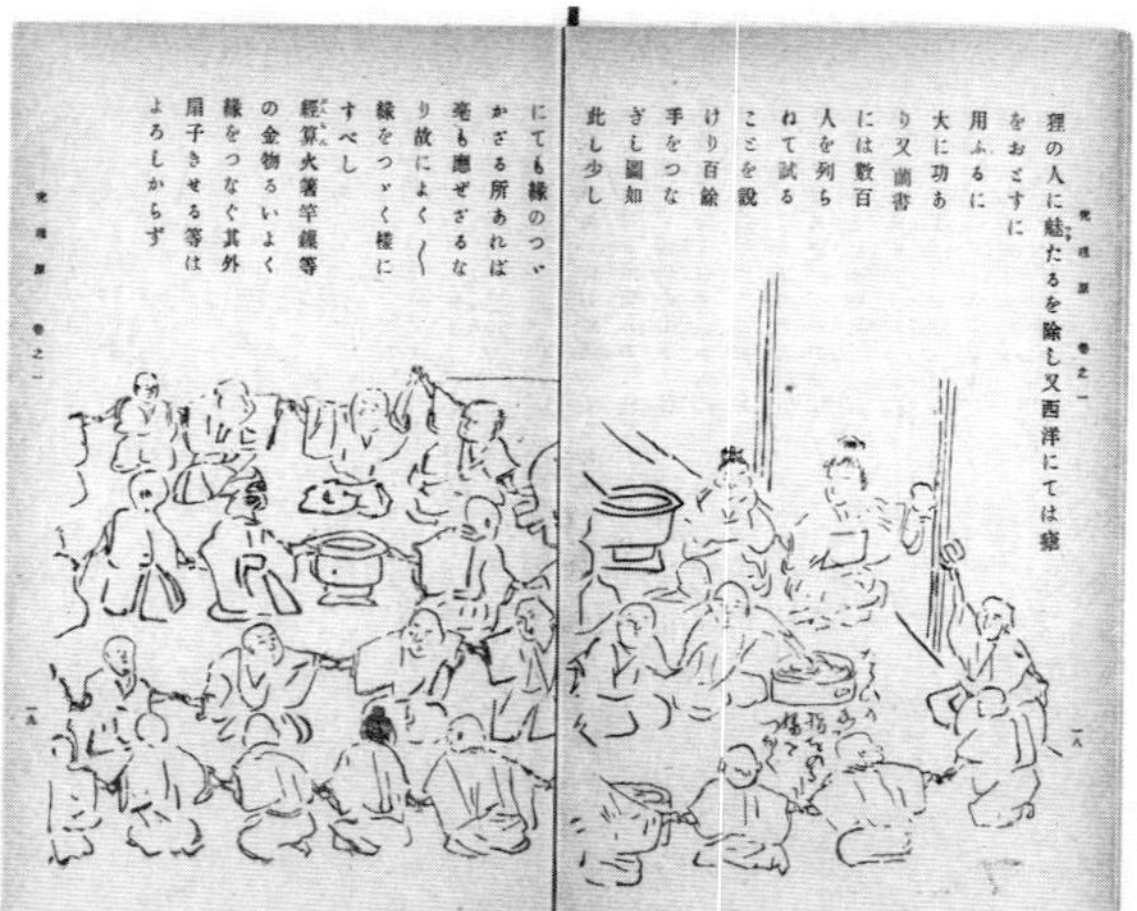

「百人嚇」（橋本宗吉「阿蘭陀始制エレキテル究理原」から）
国立国会図書館蔵

度があってはじめて蘭学関係者によって伝えられてきたヨーロッパの科学や文化を全く同じ時期に理解吸収し得たのであろう。「紅毛雑話」には「コンストホンテイン」という名の噴水器の仕組みなどさまざまな図解も記されているが、何事も「プロセスを理解すること」からはじめて、自分のものとして消化し発展していくことが可能になるのであろう。

参考　森島中良『紅毛雑話・蘭説弁惑』（生活の古典双書六　八坂書房　一九七二年）

大黒屋光太夫
――漂流民の取材力

今から二百二十余年前、一七九二（寛政四）年の秋、北海道の松前で史上初の日露交渉が行われていた。ロシア皇帝エカテリーナ二世の命で漂流民大黒屋光太夫らを送り届けてきたアダム・ラクスマン中尉と江戸幕府の役人との貿易交渉である。もちろん「鎖国」下の日本、交渉は成立せず漂流民のみが幕府に引き渡されたのである。

大黒屋光太夫は伊勢白子の船頭で、江戸に航行中暴風にあいアリューシャン列島に漂着、カムチャツカ、イルクーツク、ペテルブルグなど十年をロシアで過ごし、高名な植物学者キリル・ラクスマン（ラクスマン中尉の父）らの助力で女帝への直訴に成功、帰国が叶ったのであった。当時書物以外にだれも体験したことのない世界を彼はつぶさに眺め、クールに記録していた。偶然彼に遭遇したレセップス（スエズ運河などを開鑿したレセップスのおじ）は、「何事でもきちんとメモを取るその姿に強い感銘を受けた」とその姿勢を評価している。恐らく光太夫にはジャーナリストとしての資質や感性が備わっていたのであろう。

この貴重な体験を幕府も重視、将軍家斉や老中松平定信らが直々に光太夫を接見、江戸の薬草園に軟禁という形ではあるが、破格の処遇を行った。特に注目すべきは光太夫の見聞録をオランダ経由の地誌などを参考に客観的に検証し、「北槎聞略《ほくさぶんりゃく》」（十一巻、付録一巻）としてまとめあげた幕府の奥医師・蘭学者桂川甫周《ほしゅう》の存在である。彼の力によってこのリポートは江戸時代を通じて第一級

エカテリナ2世「北槎聞略」国立公文書館蔵

ロシア船「北槎聞略」国立公文書館蔵

の海外資料となったのである。

内容は官制や学校、病院、銀行、劇場、飲食など多方面におよび、ロシア人の生活やものの考え方を内面まで掘り下げて観察しているのが興味深い。例えば教会での結婚式については「住僧戒指《ゆびがね》（＝婚約指輪）二《ふたつ》もち出、両新人《はなむこはなよめ》の無名指《くすりゆび》にさす。（略）住僧よめの前に行て、婿は意に適ひたるやと問、意にかなひし由を答れば、またむこ（婿）の方に行て媳《よめ》は意に適ひたるやと問」と記し、二人の意思確認を重視する姿勢に注目している。また、「幼院」の項では、「幼院は是棄児《すてご》を養育する処なり。（略）児を送り入る者夜陰に及び小児の誕辰《たんじょうび》を牌に記して頸にかけさせ彼窓の下につれ行、墻《かべ》をほとほと敲《たた》けば内より活套《ひきだし》の箱を押出す。やがてその内に小児を置、また墻をうてば活套を内に引入れ小児を取出、其箱に銭五百文入て又押出す。児の親その銭をうけて帰るなり。是は肉親の児を養育する事さへ能はざる程の困窮を憐れみ救ひの為に官《こうぎ》より給はるなり」と詳細に述べ、その後両親が自由に訪問できることにも触れているが、光太夫はこうしたシステムの存在に感銘を受けたに違いない。

サンクト・ペテルブルク「夏の離宮」（筆者撮影）

「ヱーシテヲホダ　空腹でござる」「ヲーチニポチョワウ御馳走に成ました」「カクソート　名は何と」「ヤア　ズナイヨ　私存じて居る」など記されたロシア語彙は千を超える。「漂流民」という立場をこえ「とにかく異国を知ろう」とする彼のコミュニケーション力と卓越した取材力には頭がさがる。それ支えたのは当時の庶民の読み書き能力の高さと彼自身の文学的素養であったといえる。作家の井上靖は彼の生きざまを「おろしあ国酔夢譚」として小説に描き、映画にもなった。二〇一八年秋、日露友好記念としてモスクワでは大黒屋光太夫のオペラが上演された。海外渡航が気軽にできる現代、時には「北槎聞略」を携えて機内に搭乗、先人の意欲を想起しながら国際理解とは何かを考えてみるのも一興ではないだろうか。

「夏の離宮」光太夫謁見の大広間（筆者撮影）

参考　桂川甫周『北槎聞略』（吉川弘文館　一九六五年、岩波文庫　一九九〇年）
亀井高孝『大黒屋光太夫』（吉川弘文館　一九六四年）
井上靖『おろしや国酔夢譚』（文春文庫　一九七四年）

天動説と地動説
――宇宙への夢・アマチュアの想像力

ＪＡＸＡ（宇宙航空研究開発機構）を中心に無人探査機が続々と宇宙に打ち上げられているが、鹿児島・内之浦から打ち上げられた小惑星探査衛星「はやぶさ」が、二〇〇五年小惑星「イトカワ」に到達したニュースは日本の青少年に多くの夢を与え（二〇一〇年、無事帰還）、二〇一八年には「はやぶさ2」が小惑星「リュウグウ」に到達。一方、国立天文台がハワイ島マウナケア山頂に設置した最新鋭の「すばる」望遠鏡は一九九九年から観測を開始、着実に成果をあげつつある。日本では古代以来天文気象への関心は高く、太陽や星座の観測により暦を編纂したり農業や防災に役立ててきた。

十六、七世紀、ヨーロッパでコペルニクスやケプラーがいわゆる地動説を唱え、球形の地球を体験的に理解するのに絶好の機会となった大航海時代を経て、こうした考え方はオランダ経由で日本に伝えられたが、東洋的宇宙観の下にあっては理解するにはかなりの想像力が必要であった。同じく舶載された天球儀をはじめ宇宙の研究にあたるのは暦学中心の天文方であったが、言葉の問題から当初は長崎の阿蘭陀通詞たちが翻訳に取り組むことになる。本木《もとき》良永《りょうえい》の「太陽窮理《きゅうり》了解」「天地二球用法記」（一七九三〈寛政五〉年）や志筑忠雄《しずきただお》の「暦象《れきしょう》新書」（一八〇二〈享和二〉年）などはその代表的なもので、何れも原文の解釈に苦労に苦労を重ねてまとめあげたものであった。

　これらに触発された代表的な人物が大坂の町人山片蟠桃《やまがたばんとう》である。彼は名前のとおり商家の番頭として店を切り盛りする傍ら、大著「夢ノ代《しろ》」（一八〇二～二〇年）に長い年月をかけて取り組み、天文・地理から経済・政治にいたるまで幅広い領域に言及している。

「地球が動く」という考え方に対して、「コノ地飛旋《とびめぐ》ルモノナラバ、山川・草木・家室ミナ崩レ倒ルベシ。ナンゾ海水モコノママニアラン」という一般の人たちの疑問は当然である、と山片はいう。しかし「太陽ハ天地ノ主ナリ。地ハ主ニアラズ。太陽動カズシテ他曜ノ動クハ、其処ナルベシ。今ニテモ欧羅巴《よーろっぱ》ノ人ハ大船ニ乗リテ地球ヲ巡リ、ソノシラザル所ヲ発明スルコト、万国ノ及ブ処ニアラザレバ、天地ノコトハコレニ任ジテ、其糟粕《そうはく》（＝

ハワイ島マウナケアの山頂に建つ日本の天体観測所（筆者撮影）

残りかす）ヲネブル（＝なめる）ノホカハアルマジキナリ」と論述。西洋の実学に信頼をおく彼は天体の運行状況をさまざまに図説し、「天地ノコトハ、スベテ引力ニカカレリ」と引力や太陽系以外の宇宙の存在にも触れ、「太陽ノ光明ヲ受テ和合セザルコトナカルベキヤ」と地球以外の惑星における生物の存在をも指摘していく。

司馬江漢「天球全図　ORRERY図」神戸市立博物館蔵
(Photo: Kobe City Museum / DNPartcom)

太陽が毎日東からのぼり西に沈む現象について、当時の人々が「太陽はいったん地下に潜って再び出現するのか日々新たに太陽が生まれてくるのかそのどちらかでは」と考えていたのに対し、経世家の本多利明は、「日輪（＝太陽）の直径と地球の直径と相比すれば、傘の大《おおき》サ程ある日輪が豆一粒程有地球を数万里離れて、一昼夜の内に周天を一旋して元の所に戻ると云うは、余りに無分別なる説にして、論も評も絶えたる次第也」（「西域物語」一七九八〈寛政十〉年）と論難している。このようにアマチュアたちが中国や東洋の天文観とは異なる宇宙観に関心をいだき発言していたことは特筆に価する。著名な銅版画家の司馬江漢（Ⅰ章参照）もその一人で「刻白爾《こっぺる》天文図解」（一八〇八〈文化五〉年）などで地動説の考え方を力説、「天球全図」に見られるように自己流の図像表現による啓蒙活動を展開していた。

江戸時代の後期、高橋至時《よしとき》をはじめとする天文暦学の優れた専門家たちが育ちつつある中で、アマチュアが旺盛な好奇心と想像力で当時のヨーロッパ最新の学説を理解し、啓蒙活動を行っているところが興味深い。彼らの好奇心とリテラシー能力の高さには敬意を表したいものである。

参考　山片蟠桃「夢ノ代」（『日本思想大系』四三　岩波書店　一九七三年）
本多利明「西域物語」（『日本思想大系』四四　岩波書店　一九七〇年）
司馬江漢「和蘭天説」「刻白爾《こっぺる》天文図解」（『司馬江漢全集』三　八坂書房　一九九四年）

消え去ったヨーロッパ情報
――慶長遣欧使節・支倉常長《はせくらつねなが》

今からおよそ四百年前の一六一五年十一月、ローマのヴァチカン宮殿で法王パウロ五世に拝謁している日本人グループがいた。奥州仙台藩の伊達政宗の命を受けた遣欧使節・支倉六右衛門常長《つねなが》の一行である。九州のキリシタン大名がローマへ少年たちを派遣した天正遣欧使節からすでに三十年が経過していた。今回の目的は、フランシスコ会のソテロの献策でスペイン大使のビスカイノを送還するとともにスペインとの間でメキシコ貿易の交渉を行い、ローマ法王庁のお墨付きをもらうことであった。

一六一三（慶長十八）年九月、総勢百八十人の使節一行は、石巻の月浦《つきのうら》からサン・ファン・バウティスタ号で出帆、太平洋を一路メキシコのアカプルコに向かい中米を横断し、日本人としてははじめて大西洋を渡りスペインのセビリヤに上陸した。マドリードでは支倉常長は国王臨席のもとで洗礼を受けているが、一地方大名の使節ということで各国の対応はまちまちであった。その後地中海をイタリアに向かい、ローマには法王の謁見を含め二ヶ月間滞在、サン・ジョヴァンニ・イン・

ラテラノ教会など主要寺院を見学している。帰路はフィレンツェ、ジェノヴァ、マドリードを経由してふたたびメキシコに戻り、日本からの迎えの船に乗船、ルソン（フィリッピン）で二年滞在の後、一六二〇（元和六）年長崎経由で七年ぶりに仙台に戻った。日本はすでに禁教一色、折角の帰朝報告もなく闇に葬られ、常長はその翌年亡くなったという。

ローマでは市民権を得、貴族に列せられるという破格の待遇を受けた彼はローマやフィレンツェの街で何を見、何を感じ、異文化をどう捉えたのだろうか。ローマのサン・ピエトロ広場には未だ今日のような列柱回廊は姿を見せていないが、ミケランジェロらが活躍したルネサンス芸術の宝庫であるフィレンツェではブルネレスキが設計したドームやヴェッキオ宮殿などが威容を誇っていたはずである。旅行案内書などの予備知識もないこの時代、驚きの連続であったに違いない。彼が使命を達成すべく交渉を行っていたことは後に海外資料などから明らかにされているが、彼自身の記録や感想はなく個人としての姿はみえない。歴史的に貴重な体験であったにもかかわら

メキシコ・アカプルコの海岸に建つ支倉常長像（筆者撮影）

ず常長らしい発言をみることができないのは残念である。わずかに残るルソンから息子に宛てた手紙にもほとんど感情は吐露されず、得がたい異文化体験やヨーロッパ情報はすべて消滅したのであった。それはかつて帰国後、九州の修道院に消えた天正少年使節と同様、幕藩体制成立期ならではの帰結であったといえる。

時代は家康から二代将軍秀忠の世となり大坂の陣を境に中央の権力が強化され、いわゆる「鎖国」に向けてキリシタン排除が急展開するなかでは地方大名の出る幕はなく、持ち帰り品の多くは封印され門外不出とならざるを得なかったのであろう。

明治初年、欧米各国への視察団に随行した久米邦武をはじめ文部省から派遣された村上直次郎らの努力によって海外資料が発掘され（「大日本史料一二編－一二」等）支倉像が次第に蘇ってきたが、不明な点はまだ多い。メキシコと貿易をしたいという仙台藩の当初の要求は、「キリシタンを排除する徳川政権下での一地方大名の意向に過ぎない」ということでスペイン、ローマでは残念ながら黙殺された。

慶長使節船「サン・ファン・バウティスタ号」（復元船）
宮城県慶長使節船ミュージアム（サン・ファン館）

失意のうちに帰国した常長にしてみれば、確かに物見遊山どころではなかったのかもしれない。

一九九三年、サン・ファン・バウティスタ号が復元され、東日本大震災で被害を受けたものの再び修復され、現在石巻市のサン・ファン館に展示されている。仙台市博物館にも国宝に指定された支倉常長像や常長に授与されたローマ市公民権証書など持ち帰り品が展示されており、遣欧使節への関心は高まっているが、さらなる発見があればと思われる。時代を超えて後世に情報を伝達するためにはその時々の史料が不可欠であるが、その史料を残すことがいかに難しくそれゆえにその大切さがよくわかるひとつの事例でもある。

参考　五野井隆史『支倉常長』（吉川弘文館　二〇〇三年）

山車《だし》とからくり人形
――ロボットへの夢

いまやＡＩ（人口知能）ロボットの時代。アイボや掃除ロボットをはじめ日本の工業用ロボット技術は一段と進歩を遂げ、これまでに培ってきた技術力や応用力あるいは感性といったものが引き継がれ、自動車の運転では自動停止装置や車庫入れなど実用化が進んでいる。

飛騨の高山では毎年春の山王祭と秋の八幡祭に山車の屋台にからくり人形を乗せいろいろな所作を行いながら街中を練り歩く。高山に限らず愛知県の半田・亀崎や枇杷島など中部地方では同様の祭には山車に乗ったからくり人形が登場し、人々は目を凝らし祭は頂点に達する。和服を着た人形がまるで生きているかのようにさまざまな所作をするからくりは多くの人々の心をとらえてきた。二〇一六年には「山・鉾・屋台行事」としてユネスコの文化遺産に一括登録されている。

十七世紀、竹田出雲や近松門左衛門らにより演じられた人形浄瑠璃はまさにからくり人形の面白さを生かしたエンターテインメントである。人形がどのようにして所作をするのか、一七九六（寛政八）年、土佐の細川頼直《よりなお》がそのメカニズムを図入りで解説したのが「機巧《からくり》図《ず》彙《い》」である。中でもよく知られているのが「茶運《ちゃはこび》人形」。ゼンマイ仕掛けで歯車を動かし、着物を着た人形が茶椀を運んで飲む人が茶碗を取ると止まり、茶碗を戻すと元の場所に戻っていくというもの。ストッパーや歯車の動き方を計算したいまでいう自動操縦ロボットともいうべきものである。まさにＡＩの元祖である。

このほか人形が宙返りしながら階段を降りていく五段返りや、連理《れんり》返りなどでは水銀を使い流れる量にしたがって動作が行われるようになっており、滝を登る鯉には磁石が利用されている。もともとゼンマイで動く時計がオランダ経由で伝えられ、中国からは奈良時代に機巧《からくり》品がもたらされ、こうした舶載された品々をヒントに「からくり」

布袋台　高山祭屋台会館

が考案されていったのであろう。時間がくると時を知らせるところから「自鳴鐘《じめいしょう》」と名付けられた時計には歯車の技術が凝縮され、オートマチックに作動するところに多くの関心が集まったといえる。そのためには「からくり」に関する情報が必要である。すでに十八世紀の初めには「璣訓蒙鑑草《からくりきんもうかがみぐさ》」が著され、吹き矢のからくりや五色の散水からくりなどが掲載されてはいるが、原理については明らかでない。その点「機巧図彙」は科学的に原理を解き明かしており、納得されやすかったのであろうし、こうした情報は口伝えでも伝播していったのであろう。好奇心にそそられたコミュニケーションの強みでもある。

問題はこうした「からくり」を誰が制作するかということであるが、基本的にはいわゆる人形師、指物師といった職人がからくり師として制作にあたっ

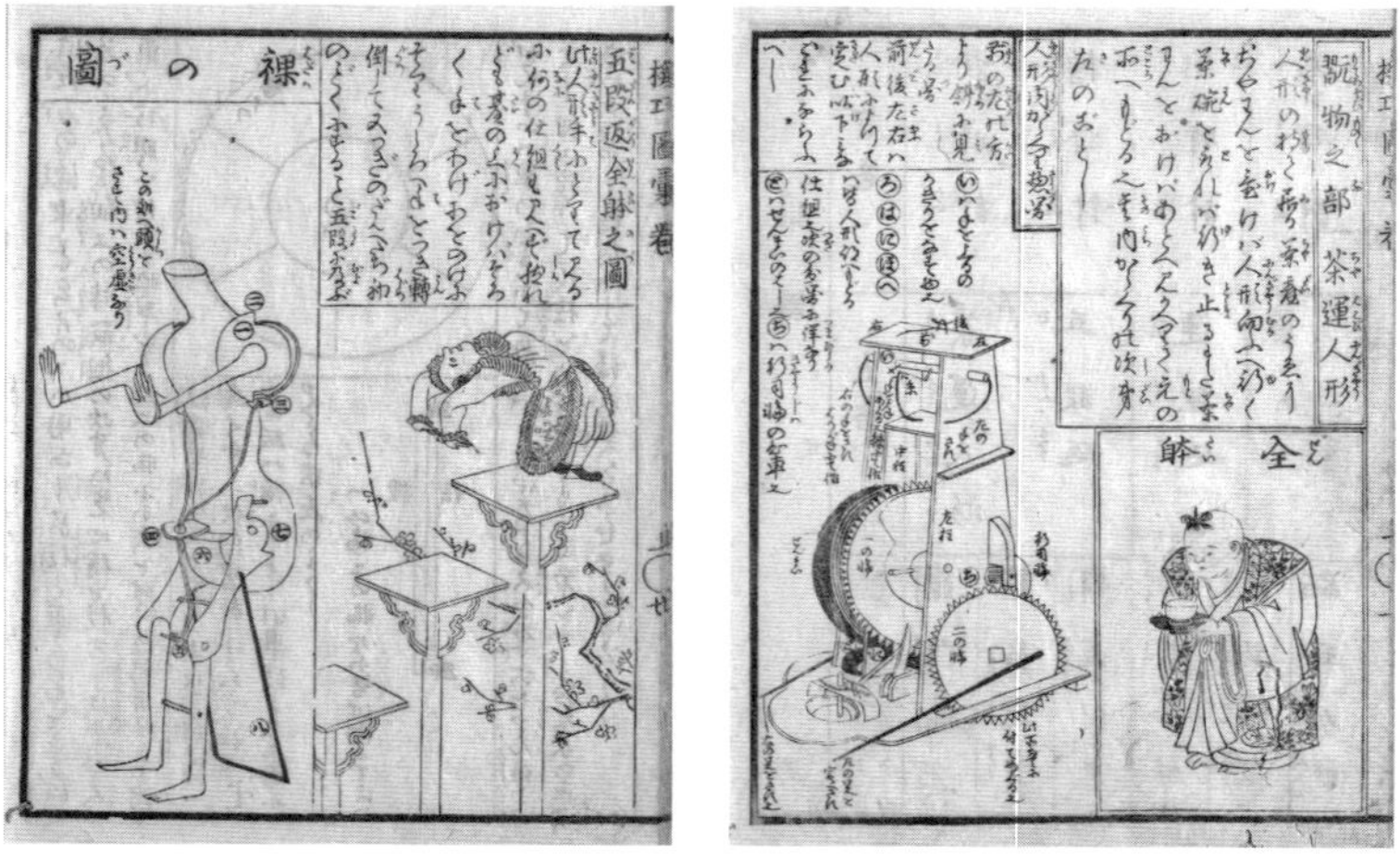

細川頼直「機巧図彙」から「五段返り」と「茶運び人形」（1796年）国立国会図書館蔵

ていた。その代表は名古屋のからくり人形師・玉屋庄兵衛（現在九代目）で、現在も国の内外で活躍中である。立川昭二氏によれば幕末期、加賀藩で活躍した大野弁吉は若くして長崎に遊学、天文学や暦学に精通し、地球儀を制作したり茶運び人形系の「三番叟」や「唐子引盃台」などゼンマイで動く人形を制作していた。九州久留米の出身で「からくり儀右衛門」で知られる東芝の創業者、田中久重《ひさしげ》も弁吉と同世代であるが、機械の一見不思議な仕組みを解析し、新しい仕掛けを組み立てていく日本の工業開発の原点がここにあったといえる。

参考　立川昭二『からくり』（法政大学出版局　一九六九年）
細川頼直「機巧図彙《からくりずい》」（須原屋市兵衛　一七九六〈寛政八〉年）

「日本全図」と「北極中心世界地図」

――世界を広げる

土地の広がりを実感するには平面図としての地図のサポートが必要である。二〇〇九年映画化された新田次郎の「剣岳《つるぎだけ》　点の記」には近代国家としての日本が必死に地図の作成に取り組む姿が描かれている。陸軍参謀本部から国土地理院へ、そして衛星画像による精細画像へと地図をとりまく状況は飛躍的に変化し、ＧＰＳの活用等によって動画や写真あるいは立体画像で地上の様子を瞬時に知ることができ、自動車のナビゲーション・システムやポケモンＧＯはまさにその延長線上にあるといえる。

古来日本ではさまざまな地図が使用されてきたが、日本を一つの国として認識するための地図が作成されるのは江戸時代に入ってからのことである。オランダなどを通じて球形の世界が少しずつ見えてきたからである。日本はどこにあるのか、周りはどうなっているのか。自らの足と目で調べて日本地図を作製した伊能忠敬《ただたか》が有名であるが、その四十余年前、すでに日本地図を完成していた人物がいた。常陸の国赤浜村（現在の茨城県高萩市）の長久保赤水《せきすい》（一七一七～一八〇一）である。水戸藩に仕え、朱子学や天文地理学を独自に学び、長崎に漂流民を引き取りに出かけたりしていたが、後に六代目藩主治保《はるもり》の侍講となり、「大日本史」の「地理志」の編纂にも関わった人物である。オランダ渡来の世界図や徳川幕府撰の日本図などを参考に彼が作成したのが「改正日本輿地《よち》路程《ろてい》全図」一七七九（安永八）年である。明治時代の初めまで世間に流布したが、日本地図にはじめて「緯線」と「経線（経度なし）」が書き込まれたところに特色があり、これによってはじめて島国日本がより一層的確に把握されることとなった。

一方、周知のとおり千葉の佐原で酒屋として功なりとげた伊能忠敬（一七四五〜一八一八）が地図を作製するために日本中を実測してまわるのは五十才を過ぎてからのことである。私財をなげうって十数年にわたる実測の結果誕生したのが「大日本沿海輿地《よち》全図《ぜんず》」（日本輿地全図、一八二一〈文政四〉年、没後完成）である。これまでの地図の模倣ではなく実測上の誤差はあるにせよ自らの目と足で作りあげるという発想と集積したデータに基づき地図を作成したことの意義は極めて大きいものがある。地図は大図（三万六〇〇〇分の一）中図（二一万六〇〇〇分の一）小図（四三万二〇〇〇分の一）の三種があり、一八六五（慶応元）年、

千葉県佐原・伊能忠敬記念館（筆者撮影）

開成所から小図をもとに「官版実測日本地図」として刊行され、一般に供されることとなった。

さらに一八三七（天保八）年には、地球という概念をビジュアル化、北極の上から地球を見るかのように北半球を中心に描いた「北極中心世界地図」（口絵参照）というユニークな世界地図が作成されている。これを作成した小佐井道豪《どうごう》（一八一九～六二）は熊本藩士、天文暦算を得意とし長崎伝習所に学び、江戸に出、小笠原測量などに参加した人物といわれている。いわゆるバーズアイといわれる鳥瞰図と同じようにできるだけ地球を俯瞰してみたいという欲求の極致であろうが、平面的な地図を立体的にとらえようとした点でもそれまでにない新鮮さが感じられる。もちろん彼自身が構想したわけではなく地図の端書にもあるようにオランダから舶載された地図（北極中心と南極中心の二種の世界図）をベースに作成したもので、北極からみて南極側も取り込んでいるところに、球体として地球を捉えることへの彼の好奇心が並々ならぬものであったことが良くわかる。いずれにせよ日本が地球上のどの位置にあるのか、具体的にとらえる第一歩となった。

十八世紀末からおよそ半世紀の間に日本の全体像と球形の地球を意識できるようになったわけで、水陸両面の運輸体系が確立していく。こうした地図は後に陸軍参謀本部測地部作成の地図などに影響を与え近代日本の測量地図の原点としての役割を果たし、「世界」を容易にイメージできるようになった。時代を先取りしようとする先人たちの努力の積み上げには敬意を表したいものである。

参考

『秋岡古地図コレクション名品展』(神戸市立博物館編　神戸市スポーツ教育公社　一九八九年)
矢守一彦『古地図への旅』(朝日新聞社　一九九二年)

密航留学
——壮大な体験学習

映画「長州ファイブ」（二〇〇六年）は長州藩の五人の若者（五傑）、伊藤俊輔（博文）、志道聞《しじぶん》多《た》（井上馨）、山尾庸三、野村弥吉（井上勝）、遠藤謹助らがイギリスに密航留学する話を描いたもの。もともと志道聞多の発案で藩の要職にあった周布《すふ》政之助や江戸留守居役であった村田蔵六（大村益次郎）らの精神的、財政的支援によって一八六三（文久三）年五月、横浜のジャーディン・マセソン商会の世話で出奔したものである。英仏蘭三国によって下関が砲撃された数日後のことである。彼らは鎖国の中、国禁を犯して上海を経由、四ヶ月余りをかけイギリスのロンドンに到着する。ガイドブックという予備知識もなく、語学力もほとんど皆無に等しい彼らはどのように知恵を生かし、体感（実感）によるコミュニケーション活動をしていったのであろうか。

伊藤と志道は先着していた三名と合流後、ロンドンのジャーディン・マセソン商会の社長の好意でともかくも庶民の通うロンドン大学に入学する。ロンドン大学は一八三六年、オクスフォードやケンブリッジとは異なり庶民が学習できる大学として誕生、当初はピカデリー・サーカスに近いところにあったが、現在は大英博物館の北、ブルームズベリーに本部をおき、十数万人を擁する巨大な大学となっている。

伊藤と志道は政治と法律を、山尾、野村、遠藤らは理工学を学び、造船所など当時の最先端工業技術を実地に見学する。しかし伊藤と志道はその後下関での戦闘結果を聞き、半年後帰国を決意、「攘夷論」を「開国論」へと急転換させることとなる。彼らの密航留学を支援した長州藩の上層部は実に五千両という多額の資金を調達して国禁を犯したわけだが、それには「人間という優れた器械」を得る、すなわち優れた「人材」を得るためには若者たちを「留学」させることで海外の状況を感得させることが不可欠だという並々ならぬ決意があった。

ロンドンでの彼らの行状については残念ながら明らかではない。伝記や書簡によって推測される

ロンドン大学（東洋アフリカ研究学院卒業式の頃、筆者撮影）

にとどまっているが、その「体験学習」が強力な滋養となったことは明らかである。山尾と野村はすでに函館で英語を学んでいたが、野村の英語がかろうじて通ずる程度であったといわれる。しかも伊藤と志道は半年の滞在であり、語学力がどれほど身についたかはわからないが、伊藤は持ち前の度胸で外国人とのコミュニケーションには自信をつけたようで、私心なく敵情を視察し、客観的な事実認識ができたのであろう。後に遣米使節団に加わり、維新政府でも要職にあった彼は英語でのスピーチを行ったり洋書を携行していたという。外国の事情を自らの目で見、体験したことで書物や風聞で伝えられる異国の情勢を自分なりに理解し、外国人と対等に渡り合える気持ちになり得たところにこの留学の意味があった。

萩の町並み（筆者撮影）

吉田松陰の松下村塾（筆者撮影）

情報収集なくしては自らの改革はできない。それも身をもって体験しつつ知りえた情報が第一でである。長州ファイブはまさにその先鞭をつけたといえよう。外国人とのコミュニケーションとはいかなるものかを実地に体得した強みは何物にも代えがたく、この時代、外国人に対して少なくとも言語による障壁（コンプレックス）を持たず、対等に渡り合える気概を持っていたところに五人の若者たちの存在意義があった。

伊藤、井上馨はそれぞれ後に総理大臣、外務大臣として、また遠藤は大阪の造幣局創設に尽力、井上勝は鉄道頭として日本の鉄道網の基礎を築き、山尾は横須賀製鉄所など工業技術の進展に寄与した。長州藩の後を追って一八六五（慶応元）年、十数名を密航留学させた薩摩藩の場合も五代才助（友厚）や松木弘安（寺島宗則）らが全員変名のうえロンドンやパリに留学、翌年にはアメリカにも派遣している。そのうち五代らはフランス、ベルギーなどの現状を視察、自らの目でそれぞれの国柄や発展状況を確認しようと努めていたのである。建国間もないアメリカの自由で友好的な雰囲気に親近感を抱くのもこの頃である。慶応二年、幕府もついに海外渡航の自由を認め、その年以降イギリス、フランスへと留学生を派遣することとなったが、薩摩藩の留学生は目の仇とされ、互いに交流することはなかった。しかし、こうした貴重な経験は明治維新後に生かされ、財界における五代友厚や外務大臣としての寺島宗則のようにそれぞれが重要な役割を果たしていったのである。

参考　石附実『近代日本の海外留学史』（中公文庫　一九九二年）

カメラ・オブスキュラ
——上野彦馬・画像記録への挑戦

デジタル・カメラは画像好きの日本人にとっていまや必需品、一眼レフの人気も回復しているが、スマホのカメラも機能が一段と向上してきた。撮影現場ですぐ画像が見られるのも大きな魅力で、入学式や桜の美しい季節には手放せない。

もともとカメラ・オブスキュラという「暗箱」に小さな穴を開けて外光を通過させガラスなどの薄い板に外の景色を映し出し、見たりなぞったりしていた。この画像を記録したいという願望を実現したのがフランス人のニエプスで、化学反応を利用して板の上に画像を定着させた。一八二六年のことである。さらにヨウ素や水銀の蒸気を利用して一八三七年、ダゲールがいわゆるダゲレオタイプと呼ばれる一枚限りのダイレクト方式の写真機を案出、後に英国人のタルボットがネガ・ポジ方式による複製可能な写真を完成させ、この方式によるフィルムの全盛時代を迎える。

はじめて日本にダゲレオタイプの写真機が舶載されたのは、いまから百七十年前、一八四八（嘉永元）年のことである。長崎の上野俊之丞がオランダから輸入、薩摩藩の島津斉彬《なりあきら》らがこの研究に取り組み、おぼろげながら斉彬の姿がみえる写真が現存している。上野俊之丞の子、上野彦馬（一八三八〈天保九〉年生れ）は大分・日田の私塾・咸宜園《かんぎえん》に遊学した後、長崎の医学伝習所で医官のポンペから化学などを学び、写真の研究に取り組むこととなる。後に津の藤堂藩で化学の講義を依頼され、一八六二（文久二）年、テキストとして「舎密《せいみ》（＝化学）局必携」を著し、そのなかで「撮形（＝撮影）術ポトガラヒー」と題してコロジオン湿板方式の撮影技術について述べている。その頃来日したスイス人カメラマン、ロシェの影響も受けた彦馬は長崎に戻り、同年日本で最初の写真館「上野撮影局」を創設、写真家としての活動を開始する。人物の撮影を得意とする上野彦馬は侍たちを単身又はグループで撮影、幕末を代表する坂本竜馬や高杉晋作、

「上野彦馬と侍達」東京都写真美術館蔵
(Image: 東京都歴史文化財団イメージアーカイブ)

井上馨、伊藤博文らの眼差《まなざ》しをよく捉えている。後に乾板を利用、レンズやジャバラに工夫を重ねながら明治時代に活躍、西南戦争では取材活動も行っている。

当時関東では横浜などで画像の研究に取り組んでいた下岡蓮杖が風景や風俗写真に業績を残しており、「写真に写されると命を吸い取られる」という迷信もあった時代だけに外国人の異国趣味に合わせた写真も多い。ペリーの艦隊に従軍した写真家E．ブラウン・ジュニアが、ダゲレオタイプの銀板写真で下田や横浜の風景などを撮影、「ペリー提督日本遠征記」の挿絵に貢献したことはよく知られているが、当時「傘を差す日本女性」や「鎌倉大仏」などの写真で知られるフェリーチェ・ベアトなどが「イラストレイテッド・ロンドン・ニュース」などを通じて日本の姿を世界に伝えており、これに啓発されて上野彦馬や下岡蓮杖らが画像により日本を記録しようとしたのは当然のことであった。かつて寛政改革の頃、老中松平定信が「写真鏡」について言及し、版画家司馬江漢が映像情報の重要性を指摘していた頃にくらべ写真機も撮影方法も格段に進歩していた。一八六七（慶応三）年に出版された柳河春三による翻訳書「写真鏡図説」には写真の技術とともにその歴史も述べられており、極めて短期間に「写真」を自家薬籠《じかやくろう》中のものとしていることがわかる。

モノクロからカラーへ、フィルムからデジタルへと時代が急変するなかでカメラマンもまたドキュメンタリーからコマーシャル、芸術写真へと領域を広げながら何をどう表現するかに真摯に取り組んできた。デジタル画像処理はいまや情報伝達の要である。問題はいかなる対象にどうアクセスし、いかに記録していくかにかかっている。これからが楽しみである。近年、オーストリアのザルツブルクに近いカンマーホフ博物館に保存されていた幕末維新期の写真原板が三次元のデジタル化を施され、百五十年前の江戸城下町の風景が立体的に再現されたが、まさに視覚による情報伝達の強みがよくわかる一例である。

参考　鈴木八郎他監修『写真の開祖　上野彦馬』（産業能率短期大学出版部　一九七五年）
三井圭司、東京都写真美術館『写真の歴史入門　第一部「誕生」新たな視覚のはじまり』（新潮社　二〇〇五年）

濱田彦蔵（ジョセフ・ヒコ）の「海外新聞」

――情報共有への試み

長崎や横浜に英字新聞が登場しはじめた頃、わが国最初の民間邦字新聞といわれる「海外新聞」が発刊された。いまから百五十年ほど前、一八六四（元治元）年のことである。創刊者はジョセフ・ヒコ、本名濱田彦蔵《ひこぞう》（一八三七〜九七）。播州播磨の出身である。十三歳のとき兵庫から船で江戸見物に出かける途中、遠州灘で暴風に遭遇、十七人がアメリカの商船に救助されサンフランシスコへ。その多くは順次帰国するが、彦蔵は税関長の庇護を受けボルチモアのミッションスクールで勉学することとなり、この間ニューヨークやワシントンを訪ねる機会にも恵まれ、ピヤース大統領やブキャナン大統領にも紹介されている。一八五八年帰化し米国の市民権を得た後、九年ぶりに日本に帰国、神奈川領事館の通訳として活躍、一八六一（文久元）年再び渡米する。この折、独立戦争後のリンカーン大統領と会見、再び領事館の通訳として帰国、伊藤博文や木戸孝允らにアメリカの政治体制を紹介、後に大蔵省に勤務したりしている。

日本では一枚刷りの「かわら版」が新聞の元祖として知られているが、国内外の情報量が飛躍的に増加した幕末には「海外情報」への欲求が増大、幕府の蕃書調所ではインドネシアのオランダ政庁機関紙のサマリーを「官板バタビヤ新聞」として翻訳発行、横浜では居留外国人向けに外字新聞「ジャパン・ヘラルド」「ジャパン・タイムス」などが発行されていく。濱田彦蔵がサンフランシスコに着いた一八五〇年頃、アメリカでは「ニューヨーク・デイリー・タイムス」などの新聞が続々と創刊され、南北戦争を機に「ヘラルド」や「トリビューン」などが発行部数を伸ばしていた。彦蔵は、新聞が国内の政治や経済、社会の情報を国民に伝達している実態を現地で目のあたりにし、その役割を認識したに違いない。はじめ「新聞誌」と名づけられた彦蔵の「海外新聞」は、当時日本人として唯一といえる海外での体験をもとに国民が共有すべき必要な情報とは何かを海外の新聞から取捨選択し、編集して伝えようと

「ジョセフ・ヒコ」播磨町郷土資料館蔵

「海外新聞」播磨町郷土資料館蔵

したところに特徴があった。二つ折りの半紙四～五枚に国別の記事と貿易の状況や相場、南北戦争などについて記載、岸田吟香《ぎんこう》（後、東京日日新聞主筆）や本間潜蔵（後、外務省勤務）らの協力を得て月二回程度ほぼ定期的に木版で印刷して配布したのである。

創刊時の状況について彦蔵は「みな熱心に外国のニュースを知りたがっている。とくに地方の当局者に多い」と判断、「海外新聞」については「日本人のために「輸入品」「輸出品」の現地における「今日《こんにち》の値段」を知らせる新聞である。ところが奇妙なことには、日本の民衆は、その新聞を読みたがってはいるが、どうも当時の政府と法律のせいで、予約購読したり買ったりするのを恐れていたらしい」（『アメリカ彦蔵自伝』）と述べている。定期購読者は当初肥後の侍と柳川の役人のみであったという。結局彼が長崎に転居するまでの二年間発行されたに過ぎないが、リンカーン大統領暗殺のニュースをいち早く取り上げたのも彼自身リンカーンと出会った経験から、新しい国アメリカの姿を知るのに好都合と判断したからにほかならない。自ら取材するという機能は希薄であったにせよ、入手できる海外の新聞をチェックし共有すべき情報とは何かを堪能な英語力と滞米経験を生かして編集していた点ではまさに「情報の濾過紙」としての役割を担っていたといえよう。

彦蔵は少年時に渡米、アメリカ人に「ハワーユー」といわれるたびに「可愛い」といわれていると思い込むなど天性の前向きなコミュニケーション力に恵まれ、多くのアメリカ人に可愛がられていたが、それも人一倍「情報」への好奇心が強かったからであろう。そして彦蔵が変革期の母国に言いたかったのは「情報を共有しよう」という一点にあった。

参考　『アメリカ彦蔵自伝』一、二（中川努、山口修訳　東洋文庫　平凡社　一九六四年）
近盛晴嘉『ジョセフ＝ヒコ』（吉川弘文館　一九六三年）

ロンドン、パリ、愛・地球博
――「万博」の一七〇年

地球環境をテーマに二〇〇五年、愛知県で開催された「愛・地球博」。半年間の入場者は目標を大きく上回り二二〇〇万人、シベリアから出土した冷凍マンモスはシンボルとして人気を呼んだ。テーマ館では超大画面の高精細度映像が圧巻であったが、各国や企業のパビリオンの中では塩をテーマに立体ビジュアル構成に挑んだクロアチア館が新鮮に映り、多くの諸国が集結して産物を競いあうアフリカ館などに原点を見る思いがした。

第一回の国際博覧会いわゆる万国博覧会が開かれたのは今からおよそ百七十年前の一八五一（嘉永四）年、産業革命の中核となったイギリスのロンドンである。会場にはガラス張りの水晶宮が特設され、各国の最新工業製品が並び、五ヶ月間で六百万人を越える入場者があったという。幕末の日本が関わるのは一八六二（文久二）年の第二回ロンドン博からで、駐日公使オールコック自身の収集による漆器や陶磁器、灯籠、提灯などが展示され、この年、開港延期交渉のため幕府が派遣した遣欧使節団がパリ経由でロンドンに入り、開会式に出席し羽織袴姿に好奇の目が向けられたのであった。

江戸幕府がはじめて正式に万博に出品したのは一八六七（慶応三）年のパリ万博で、この時薩摩や佐賀藩とともにアジア・アフリカのコーナーに大量に展示した。漆器や陶磁器、和紙、絹織物のほか団扇や独楽、提灯などが展示され、七宝の蓬莱《ほうらい》文菓子器や貝合《かいあわせ》蒔絵《まきえ》重箱など数々の工芸品は今なおロンドンのヴィクトリア&アルバート美術館等に保存されている。名所絵図や地図、書籍のほか五千点を超える浮世絵も展示され、後の日本ブームの原点となった。

随行した渋沢栄一の「航西日記」によれば、芸妓が接待する小さな日本茶屋や独楽回しの芸が評判を呼び、和服を欲しいとねだる少女もいたという。一方将軍徳川慶喜《よしのぶ》の名代として渡仏した弟、昭武《あきたけ》（十四歳）はフランスでもイギリスでも手厚い歓迎を受けていた。出品物審査の結果日本はグランプリを受賞、江戸時代の成果がここに結実、まさに国際化への第一歩がスタートしたのであった。確かに日本は各国の期待

「愛・地球博」 長久手会場と瀬戸会場（©GISPRI）

に応え存在感を示すことができたし、万博は各国の動向を五感で認識、学習できる絶好の機会ともなった。ヨーロッパにおける日本への関心は「ジャポニスム」に象徴されるように一挙に高まっていった。

その後万博はウイーンからフィラデルフィアへと舞台を移し、明治新政府はそのつどパリ以来の参加者のノウハウを継承しつつ出品していった。一八七八年のパリ万博ではエッフェル塔をはじめ博覧会の会場を生かした都市創りが成功、万博の成果は高まっていった。日本で万博が初めて開催されたのは一九七〇年の大阪万博で、これを機に高度経済成長の幕が切って落とされたのである。万博は経済や都市社会変革の起爆剤でもあったといえる。

1862年「ロンドン万国博覧会場を訪れた使節団」（イラストレイテッド ロンドン・ニューズ）神奈川県立歴史博物館蔵

時代は産業革命からＩＴ革命へ、交通手段は船舶から航空機へ、情報は印刷メディアから放送・通信メディアやインターネットへと軸足が移り、自国の産業を紹介しつつ経済発展に寄与する時代から環境問題などを軸に世界が結びあう時代へと変わりつつある。

国際的な広報力が求められる時代、幕末にスタートした万博は二〇一〇年の上海博、二〇一五年のミラノ博に続き二〇二〇年にはドバイで開催され、続いて二〇二五年、五十五年ぶりに大阪での万博開催がこのほど決定した。果たして将来どのような国際的な博覧会となっていくのであろうか。

参考　吉見俊哉『博覧会の政治学』（中公新書　一九九二年）

Ⅶ

「システム」と「コンテンツ」

～前島密と福沢諭吉・情報流通の基盤を築く～

幕末から明治維新にかけて現代日本の情報流通の基盤構築に寄与した人物が二人いた。大隈重信をサポートして東京専門学校（早稲田大学の前身）の校長も務めた前島密《ひそか》（V章参照）と慶応義塾の創設者、福沢諭吉である。二人は同じようにコミュニケーションに関心を持ちながらも対応の仕方は対照的であった。

既に述べたように前島の場合は、流通する情報の中身よりも流通の速度やコストなど万民が平等に享受できるシステムにすることが重要で、まさに「ユニバーサル・サービス」が目標であった。「血液循環論」でいう「血管」にあたる部分、すなわち「通信システム」の構築に邁進した。全国に情報を流通させる手段としての郵便事業に着手した前島は、まさに「トランスポーテーション」として全国津々浦々に均一料金で送信できる体制の基礎を築き、今でいう「通信」の原点である足でつなぐ「ネットワーク」作りに焦点を当てていた。その関係で「郵便報知新聞」や「日本通運」の創業時にも関わっていた。

これに対し、福沢の方はコンテンツ、「血液循環論」でいう「血液」にあたる部分、すなわち情報の中身を問題にする。その原点は開国時、遣欧・遣米使節団に随行して欧米諸国を廻った経験から感じ取ったところにある。「福翁自伝」でも述べているように例えばロシアの領土感覚、「地図を赤く塗ればそれがロシア領である」などといわれ当惑する、といったことなどはその一例であるが、随行中見聞した各国における情報のニュアンスや新聞による情報伝達力に注目することとなる。後に「報知新聞」の論説を自らリードして世論を刺激する力を実感、自ら「時事新報」（一八八二〈明治十五〉年）を発行、「何を伝えるかべきか」に邁進する。その基本は「学問のすすめ」でも述べているように、人間は皆平等であり、江戸時代とは違って新政府も国民も皆対等である。国と国の関係も同じく対等である。欧米の視察を通じて教育とメディアの役割には特に注目、とりわけメディアについては伝える中身が極めて重要であるという立場に立っていた。自分の考えをしっかりと他人に伝える「演説」（スピーチ）の必要性を力説していたのも原点はこうした点にあったといえる。

福沢は「蒸気」（後に「電気」）の力を活用した産業革命の世界を自ら見分し実感した経験から新しい時代を乗り切っていくためには多様なものの見方が必要であり、「ジャーナリズム」という観点からマス（不特定多数）を対象とした多様な情報、その「コンテンツ（中身）」が重要であると

福沢諭吉像（写真提供：SUYA/PIXTA）

考え、先に述べたように「学問のすすめ」や「文明論の概略」などを通じて自らの見解を述べていった。こうした中で「郵便報知新聞」「東京日日新聞」「かながきしんぶん」などといった新聞が続々と創刊されていった。

福沢と前島、いわば「ジャーナリスト」対「行政マン」という立場の違いはあったが、二人に共通するのは「すべての国民が等しく情報を共有できる体制を作る」ということであったに違いない。奇しくも私学の雄、慶応義塾と早稲田の創設に関わった二人。いずれも東京帝国大学のような官学に対し自由で多様な新しい教育を目指していた。

情報流通の「システム」と「コンテンツ」。明治以降、この両者をまとめようとしたのがメディア（媒体）である。先駆的メディアとしての新聞の創刊などがそれであり、朝日毎日読売三紙の登場となる。新聞、出版といった印刷メディアに続き登場したのが電信（電気通信技術を用いた流通システム）の力を利用した放送メディア（ラジオ、テレビ）である。やがて二十一世紀に入り、通信技術の発達（帯域圧縮技術やデジタル技術）により情報伝達量や速度は飛躍的に向上する。情報流通システムが急変するなかでこれを利用するコンテンツのありようはさまざまな試行錯誤によって検討されている。また、これまでさまざまな資料やデータは印刷媒体や録音録画により蓄積されてきたが、ネットをはじめとする「通信」の時代においてはクラウドなどにより膨大な情報量が瞬時に蓄積され流通することとなり、それだけに発信元や中身の信憑性を逐一検討するにはより一層新たな能力が要求されることとなった。

二百六十余年におよぶ江戸時代を経て新たな「情報化時代」の到来を予感した二人が、無意識のうちに互いに相補った形で方向性を提起していったのが情報に関する「システム」と「コンテンツ」の問題であった。二十一世紀の今日、この二人が提起した問題をいま一度見直すことは大きな意義があるといえる。

参考　福沢諭吉『新訂福翁自伝』（岩波文庫　一九七八年）
福沢諭吉「西洋旅案内」（『福沢諭吉全集』二　岩波書店　一九六九年）

むすびにかえて

——グローバル時代に生かす「日本的コミュニケーション力」

人口知能（ＡＩ）への期待が高まる中、デジタル通信技術を基幹とするグローバル化が急展開している。第二次大戦後、敗戦の中から立ち上がり、二十世紀の後半、驚異的ともいえる高度経済成長を遂げた日本はバブル崩壊後、大きな借金を抱えて極度な少子高齢化社会に突入、政治経済両面においてその先の展望をなかなか描ききれずにいる。デジタルネットワークのみならず、海外諸国との人的交流も二十一世紀に入って一段と加速、二〇一六年に日本を訪れた外国人は二四〇〇万人、二〇一八年には三〇〇〇万人を超え、二〇二〇年の東京五輪開催期にはどのくらいまで達するのであろうか。言語の違いやコミュニケーション、マナーという点からも日本人は一部の人々を除き外国人との接触に消極的であったことは事実である。国民全体が抵抗なくこうしたグローバル化を進めていくには自国の「コミュニケーション力」を再認識し、その力を大いに生かしていく必要がある。

ところで我々は歴史から何を学ぶのだろうか。勿論いろいろな立場はあるにせよ、基本的には現代社会とは何か、その成り立ってきた基盤を考え、今後を考える手がかりとしているのではないだろうか。確かに江戸は江戸、今は今。時間の隔たりを超えその時代の姿を明らかにしその中に埋没していくことは容易ではない。しかし江戸という時代が、江戸時代を生きた人々が現代日本の基盤を形作ってきたことには間違いない。そのつながりをひも解く手がかりとして、現代社会に生きる「日本的感性」を内包した「日本的コミュニケーション力」とは何か、その特性を探る手がかりを考えてみたい。

江戸時代以降蓄積されてきた教育力や組織力を生かして明治維新に始まる近代化を推進してきた日本。そしてそれを支えてきた「日本的コミュニケーション力」。これまでほとんど意識されることがなかったその特質を今こそ再認識する絶好の機会ではないだろうか。

その根幹ともいえるのが長い年月をかけて醸成されてきた日本的などちらかといえばアナログ感覚的な「感性」であり、日本特有の情報感覚、情報処理能力に裏打ちされた「情報伝達力」であり、総体としての「コミュニケーション力」である。寺小屋で学ぶ「読み」「書き」「そろばん」はまさにコミュニケーションに欠かせない基礎であり、武士、庶民を問わずこれを学ぶことで生活を維持してきたのである。江戸時代に大きく育まれ日本の発展に大きく関わってきた「日本的コミュニケーション力」はどのように具現化されてきたのか、本稿ではこうした点を多様な観点から見直し、「情報伝達力」を核とする「日本的コミュニケーション力」をさらに意識しつつ、より一層グローバルな世界の形成に寄与できればと考えている。

確かにデジタルネットワーク化によっていまや世界はこれまで人類が遭遇したことのない史上最大の「情報流通革命」に突入している。それはかつての「産業革命」をはるかにしのぐ「文化・意識・流通の革命」でもある。モバイル（移動）可能なスマートホンやｉｐａｄに代表されるように情報はまさに「空間」と「時間」を超越して自由に飛び交い、まさに人間の「手のひら空間」のなかであらゆる情報の操作（送受信）が可能となった。人々は日常得た感覚や経験を未知の人々に直接伝達し、人と人とがつながる機会を激増させた。こうした中でこれまで不特定多数に向けて伝達すべき内容を取捨編集のうえ発信させてきた従来型のマスメディア、マスコミュニケーションのありようは根幹から問い直され、新聞出版といった紙媒体をはじめとして放送にいたるまで「手のひら空間」の世界を意識したコンテンツの制作、情報の発信に向け大きな変革を迫られている。

既に広告の形態は大きく変化し、物流のありようも変化した。ツイッターやブログなどソーシャルメディアやＳＮＳを通じて「手のひら空間」から人々は自らの意思を国境を越え無数の人々といつでも自由に交換できるようになり、政治や経済もその影響を大きく受けることとなった。「膨大な情報量」「瞬発力」「変化の速さ」「多様な発信力」「映像力」などはその特性を物語っている。産業革命が人やモノの移動を大きく変化させたのに対し情報通信技術はネット通販などに見られるように商品の流通システムを大きく変貌させ、さらにはフィンテック（Financial Technology）など銀行をはじめとする金融取引においても人手を介さずに物事を進める情報技術が急速に進展し始めている。一方、ＬＥＤなど新たな光源を生かした巨大なラッピングは公共空間に進出し、音楽イベントとともにますます巨大な空間のなかで人々に臨場体感による共通の広場を創出している。こうした時代状況の中でこそ「共感」を大事にする「日本的コミュニケーション」の真価が問われようとしているのである。

問題は「空間」を自由に飛び交う「情報」の中身である。本物か否か。かつての編集権やジャーナリズム精神に支えられ信頼度の高い情報を発信していたマスメディアとは異なり、不特定多数の情報が発信元の信頼度も不明なまま好き勝手に飛び交うだけにこの見極めは重要であり、容易ではない。当然「情報」への攻撃も存在する。こうした時にこそ「日本的コミュニケーション力」の役割を生かした信頼感のある情報伝達力によって新たな情報化社会を乗り切っていく必要がある。それでは「日本的コミュニケーション力」とはいかなるものであろうか。またどのように醸成されてきたのであろうか。アナログ的ともいえる「日本的感性」といった点からみてみよう。

これまで日本人の「コミュニケーション力」の特徴として取り上げられてきたのは良くいえば「和」の精神。島国の中で、隣近所の「和」を妨げず相手を決めつけずに「まあまあ」と波風立てない態度や言い回しがそれであり、「理性」よりは「感性」（情）を重視する傾向となった。ディベート（議論）しながら問題点を明らかにする以前に、お互いを「わかった」という立ち位置におくのである。武士が支配する縦社会の中では「弁論」「雄弁」といった「討議」をする機会は少なく、ましてや自己を主張する「プレゼンテーション」などは発達しえない社会でもあった。こうしたなかで日本人特有のいわばアナログ的な「感性」が育まれていったのではないだろうか。

一般的に「アナログ」とは、例えばなだらかな連続する周波数曲線に象徴されるようにゆっくりと、しかし気がつくと変わっている状態をいう。スイッチのオン・オフで一瞬のうちに明暗が変わる、いわばゼロか一かという「デジタル的」な感覚に対して、浜辺の夕景のようにゆっくりといつの間にか陽が落ちて漆黒の闇となっていくのが「アナログ的」な感覚である。曖昧模糊とした表現や感覚をいつの頃からか「玉虫色」と呼ぶようになってきたが、それは自らの態度を鮮明にせず、曖昧にすることで身を保全する「保身」の「コミュニケーション」でもある。まさに「曖昧さの美学」の極致とでもいうのであろうか。決して相手を問い詰めることもない一種の礼儀作法のようにもみえる。例えば「以心伝心《いしんでんしん》」という言い方もある。ものを言わなくてもお互い心は通じるのだという。確かに「目は口ほどにものを言い」という言葉もある。「不立文字《ふりゅうもんじ》」といういい方もある。「阿吽《あうん》の呼吸」あるいは「融通無碍《ゆうずうむげ》」「変幻自在《へんげんじざい》」という言い方もある。決定のプロセスも同様である。これらは言い換えれば身体、五感のすべてを生かしてコミュニケーションを行うという姿勢でもある。こうした感覚は恐らく長い時間をかけて日本という島国での生活やそれを取り巻く自然環境（地震や洪水、津波等の天災）と対峙するなかで培われ育まれてきたのであろう。

文化庁の「国語に関する世論調査」（平成二十八年度）報告によると、もちろん九〇％以上の人たちが「コミュニケーション能力」は必要だと考えているが、その際「ことを荒立てないで」と感じている人は年々増加し六二％に達し、「納得いくまで議論する」という人々は減少し二五％となっている。とりわけ友人同僚などと一緒にいる場合は、人間関係を優先して、「自分の意見は主張しない」という人々が五七％となっている。

また二〇一五年、経済協力開発機構（ＯＥＣＤ）による十五歳対象の「国際学習到達度調査」（ＰＩＳＡ）によれば、「集団で能力を発揮する」点についてはシンガポールに次ぐ高得点であったが、「異なる意見については関心がない」という点では参加国中最下位となっている。

古代、中世を経て到達した十七～十九世紀という時代、世界が近代国家としての胎動期に入っていたのと同じように日本は統一国家としてのまとまりを培っていた。二百六十余年にわたり基本的に国を閉ざしてきた江戸時代がそれである。何百年という長い時間をかけて中国大陸から伝播してきた文化、東シナ海や朝鮮半島を経て渡ってきた文化は、四面を海に囲まれ太平洋に面して行き止まりとなった極東の「島国日本」の中でよりいっそうアナログ的な「日本的感性」により研ぎ澄まされ独自の「コミュニケーション力」が醸成されていったのであろう。

例えば日本人が好む春夏秋冬。季節を「肌」だけでなく「音」で感じ（風鈴、虫の音、雪）、自然と対峙するのでなくむしろ自然と一体化することによって四季折々を楽しんできたように、自然の驚異に逆らわず、「長いものには巻かれろ」の心境ではないが自然の中に身を任せ理屈ではなく身体五感で感じ取ってきたところに連続的なアナログ的な「感性」が育成されていったのであろう。一〇%に満たない支配階級である武士と国民の大多数を占める農民が厳しい自然環境の中で共存し幕藩体制を維持していくにはそれなりの独自の「コミュニケーション力」が必要であった。列島は細長く自然は徐々に変化し四季もアナログ的に変化していくのである。これ以上行き場のない平和な島国に最適な「コミュニケーション力」の根幹はこうした自然とともに醸成されてきたのであろうか。農業、漁業を中心とした村落共同体の中で生活を共にする一員としては自己主張していてはことが運ばないことを承知し、何事も最後は自分に返ってくる、無難に生きていくための知恵が必要であった。イエスかノーかのデジタル的な「感覚」ではなく、ものごとを曖昧にしておくことが肝要であった。一握りの武士が支配する社会の中で士農工商といわれ支配されてきた庶民は互いに「共感」することで力を合わせ自らの地位を確保していった。それは結果的に「相手をおもいやる心」「相手を傷つけないための工夫」でもあった。「おもてなし文化」に象徴されるようにこうした環境の中で日本人の性格あるいは国民性がよりいっそう明確になっていったのであろう。こうした「和」の精神を軸にしてあらゆるものへの絶えざる「好奇心」が「日本的コミュニケーション力」をさらに進化させていったのではないだろうか。同時に「個人」が表に出るのではなく「義理」と「人情」のゆえに「集団主義」へと傾斜していった側面もある。

「コミュニケーション」のありようはその国の文化そのものでもある。極東に位置する日本は神道をはじめ固有の宗教や文化を形成してはいたが、何といっても外来文化の影響は大きく、漢字漢文に代表される中国の文化、儒教思想の影響は大である。さらにはアジアを中心に広がった仏教の考え方を学び摂取しながら日本人に適ったところを取り入れ東洋的諦観《ていかん》など「日本化」することで独自の文化を形成してきた。それは「あらゆるものを取り入れ包み込む文化」でもあった。人がものを認識し、経験するためには感覚が必要である。仏教の中核ともいえる「般若心経《はんにゃしんぎょう》」にも述べられている「五蘊《うん》」（色《しき》、受《じゅ》、想《そう》、行《ぎょう》、識《しき》）や「六根《こん》」（眼、耳、鼻、舌、身、意）、「六境《きょう》」（色、声、香、味、触、法）、「六識」（眼、耳、鼻、舌、身、意）の考え方は人間の「身体」と「感覚」を通じて「この世」を認識する意味でコミュニケーションの極意ともいえる。仏教に帰依する人々が多かったのもこうした仏教的感覚に親近感を感じ取っていたからなのであろう。

奈良時代をはじめ古代以来外国の優れた点を取り入れるという姿勢は早くから芽生え、とりわけ江戸時代には門戸を開いていたオランダの蘭学を通じて西洋文明にも好奇心を抱き、さまざまな受容をしながらその内容についていわば瀬踏み（様子見）を行ってきた。優れたものの本質を見極めながらさらに改善していくといった折衷思想はまさにアナログ的な「感性」の中で研ぎ澄まされていった。できれば外国に行ってこの目でさまざまな事象を確認したい、という空間を超える好奇心を多くの人物が抱いていたことは明らかであるが、「鎖国」という縛りによってあきらめざるを得なかったのである。幕末の薩長を中心とする密航留学はその表れであり、幕府もようやく留学生や使節団を英米独仏露蘭諸国に派遣するようになり、個別にそれぞれの国の文化を取捨選択しながら吸収し一挙に欧米化をはかっていったのもこうした素地があったからであろう。「和魂洋才《わこんようさい》」といった言葉はまさに海外の文物や思想を受容する際の日本人の姿勢を象徴しているといえよう。

明治維新後、欧米を目標とする近代化が進む中で、この「コミュニケーション力」は大きく変わることなく欧米諸国の理解も得ながらむしろ近代化をスムーズにこなすために機能していった。しかし二十一世紀にかけて産業や文化、生活などの面で世界のグローバル化が急速に進展するにつれ、次第に対応に苦慮することとなる。限られた地域や仲間内だけで通用する情報共有のスタイルは対外折衝を行うには不向きであり、異なった文化や社会に対して自らの意思を伝えることや説得することの難しさを味わうこととなる。そうした中で第二次世界大戦に巻き込まれていくこととなった。

二十世紀末以降、数字のゼロと一を用いた二進法によるコンピューター社会が急速に発展し、先に述べたようにスマートホンなど移動型のモバイル化が進行しネット社会がより加速、「情報」が「空間」の中を縦横無尽に飛び交う「情報流通革命」の時代に突入する。「メール」はもとより「ネット検索」「翻訳」などの機能は一段と精度を上げ、新たな「インデックス文化」が到来し、VR（Vertial Reality）のようにゲームをはじめビジュアルな動画は現実と夢想の世界をつなぐサイトとなった。瞬時に移動する膨大な情報量はビッグデータとして「時間」と「空間」を貫く新たな「コミュニケーション」の基幹となった。「ゼロ」か「一」か、「イエス」か「ノー」か、というある種明快なコミュニケーションがコンピューター社会の「デジタル」機能と軌を一にしてグローバル社会を将来して以来、伝達すべき「情報」の中身と「信頼性」の確保は喫緊の課題となったのである。

こうした状況のなかでこれまでのようないわばアナログ的な「感覚」で育ってきた国民はどこまで変化していけるのであろうか。通信技術の活用によりシステムとしてのデジタル化は進行してもコミュニケーションの中身であるコンテンツ（内容）は一朝一夕で変わるものではなく、基本的には従来どおりで変わっていないように思われる。問題はこうした状況の中で、「心」を大事にする日本人の感性や共感する力、それにともなった「情報伝達の手法」やアナログ的な「感覚」を自信をもって生かしていくことが求められる。

最近の若者は内向き志向といわれ、ものは満ち足りている。うち（国内）だけで十分に面白いし生活していくには不安もない。あるとすれば遠い将来の生活に対して漠然たる不安はあるかもしれないし、年長の世代を見ていると語学で苦労したくもないと思うに違いない。もっとも女性はおおむね元気で若干違うようにも見える。確かに実戦的な会話力や自己主張できる能力を磨いている女性も多い。しかし若者全体としてみれば外国との交渉など全くといっていいほど関心はないように思われる。戦争を経験せず領土がどうあろうと特段の関心はない。その一方で平和　友好、地球に悪人はいないと思っている。国連に代表されるように他の国々は皆仲間であり、法にのっとって悪いことはしないと思っている。しかもキリスト教やイスラム教のような精神的支柱はなく、神仏キリスト教とも都合よく儀式において使い分けしているため、モラルは存在しないかのようである。かくして外国とのコミュニケーションは適当でよく、にこにこしながら珍しい食べ物でも食べに行ければよい、といった程度の認識のようにも思われる。

したがってゼロか一か、賛成か反対か、やるのかやらないのかといったグローバル時代の「デジタル感覚」ではなく、良く言えば是是非非、まあ適当でいいや、悪くも良くもないようなどちらでもいいという。そして次第に「個人の勝手」主義へと進んでいった。さらにごく一部の人々を除き主として語学力の点から相手ときちんとしたコミュニケーションがとれないという事情もあり、それへの甘えもある。なんとか「アナログ感覚」で通るものと思っている。何か質問をされ、よくわからないこともあって適当にあるいは曖昧に返事をしてしまうのはごく自然の成り行きである。もちろん外国人がすべてで「デジタル感覚」であるとはいえないまでも、全体のトレンドは「デジタル感覚」で、個人は意思を明確にしなければならなくなっている。

こうした中で「弁論力」や「会話力（語学）」、「交渉力」、「対抗力（対権威、権力）」などいわばデジタル的な思考をベースとした「自己主張」を展開できる「プレゼンテーション力」（主張する力）ともいうべき「コミュニケーション力」については残念ながらこれまで重きを置かれてこなかった。既に述べたように武士が主導する社会の中では「従順」であることが生きるための知恵であり、とりわけ庶民は「お上」の考え方、後には「官」の考え方に異を唱えることは極めて困難であったといえる。二〇一三年秋、「おもてなし」を軸とする一連の「プレゼンテーション」の力もあって七年後のオリンピック・パラリンピック東京開催の誘致には成功したが、国際化を目指す日本にとってこれからはこうした場で「自己」を主張する「コミュニケーション力」をいかに身に着けていくかが大きな課題でもある。

「日本的コミュニケーション力」は、先に述べた文化庁や「国際学習到達度調査」（ＰＩＳＡ）の報告でもわかるように「ことを荒立てない」「異なる意見に関心がない」という方向にあり、ビヘイビアは一朝一夕のうちに変るものではないことがわかる。そこに日本的ともいえる不変の心があるともいえよう。多くの先人たちの並々ならぬ努力によって営々と積み重ねられ伝えられてきた知恵や好奇心、考え方などには勿論学ぶべき点は多い。今回取り上げたさまざまな事例は江戸時代から連綿と続く身近な事例を中心にしたほんの一例に過ぎない。いまや「手のひら空間」の時代といっても「コミュニケーション」の基本は「人」と「人」との直接対話（面談）である。「手のひら空間」の中でどこまでお互い「人」としての認識があるかということである。我々のコミュニケーションのルーツでもある「日本的コミュニケーション力」のありようを今一度考えながら、「手のひら空間」ともいうべき「国際的ネットワーク社会」の時代を生きるうえで一層の磨きをかけていきたいものである。

あとがき

本稿をまとめている間にも世界は東アジア情勢をはじめ政治的にも経済的にも激しく動いている。医学をはじめ最先端の科学の研究は一段と進捗し、情報通信機能の変化は流通のプロセスを大きく揺り動かした。産業革命が人やモノの移動を大きく変化させたのに対し情報通信技術はネット通販などに見られるように好きな時に欲しいものを気軽に手に入れられる流通変革を可能にし、乗車券や航空券の入手活用方法、ホテルの選択など旅行に関する手法も大きく様変わりした。ロボットやドローンなどを活用する動きも本格化しており、五十年、百年先の産業構造は果たしてどのように変化していくのであろうか。それだけに人の「心」や「コミュニケーション」のありようは極めて重要なものになっていくのではないだろうか。

十数年前、財団法人電気通信振興会（現在、情報通信振興会）の高橋利昌氏（当時）からこうした観点も含め「おもしろ発見！　江戸の情報学」と題して月刊誌『情報通信ジャーナル』への連載を依頼され、以降いろんなアイディアをいただき、同僚の岡純子さんにも編集上のご尽力をいただいた。連載が終わったら一冊にまとめてみませんかというのが高橋氏の意向であったが、その後日本の経済状況の変化でそのままになってしまったが、遅まきながら今回何とかその意に添えるようにとまとめたものである。同じ頃、NHKラジオ深夜便で川野一宇アナウンサーから江戸時代以降の日本人の情報感覚について長時間にわたるインタビューを受けたが、大きな流れを捉えることの大切さと難しさを痛感した。今回取り上げた項目は江戸時代を考えるほんの一断面にすぎないが、この十数年、国立国会図書館をはじめ大学、研究所などのデジタル情報開示は急速に進んでおり、ネット検索を利用すれば居ながらにして書籍や資料を読み取ることが可能になっており、これらをどれだけ活用できるかが問われてくる。

ところで「歴史は古文書や史料だけで考えるものではない、肌で感じるものだ」ということをご教示いただいた先学が三人いる。いずれも故人となられたが、私にとっては現代社会や歴史を肌で感じるうえで重要なアドバイスをいただいたと思っている。

一人は東京大学教養学部でヨーロッパ中世史を担当されていた堀米庸三氏。中世ヨーロッパの遺構などをご自身で撮影された当時珍しかったカラースライドで授業の参考にと使用され、将来機会があれば自分の眼で確かめてみるのが良い、その場に行って雰囲気を確かめてみることが大事だ、と話されていたのが印象的だった。後年ヨーロッパをはじめ世界各地に出張あるいは旅行するたびにこの言葉を噛みしめている。

また一人は日本近世史の奈良本辰也氏（立命館大学教授）。たまたま先輩からラジオの一時間番組（テーマは「二宮尊徳」）の収録を頼まれ、その時初めてお目にかかった。番組収録後、今日は時間があるからと一時間以上も雑談。田んぼ一反の広さはどのくらいかわかるか、峠や山頂に立ったら風はどちらから吹いてくるか、戦場だとしたらどんな対応ができるか、などとの質問を受けた。勿論私が歴史を専攻していたことはご存じなく一人の番組ディレクターとして話をされていたもので、「文書史料」だけで物事を理解しないようにと力説され、たった一度の出会いであったが私にとってはハッとするような心に残るお話であった。

もう一人は日本近世史の大石慎三郎氏（学習院大学教授）。学生時代から近世史の先輩として古文書の読み方などの指導を受けていたが、普段から歴史はできるだけ広い視点から捉えるように、全体の流れがどうなっているのか、大局的に物事を見ることが重要だ、と話されていた。何気ない会話の中の一言であったのかもしれないが、この三人の碩学からうかがったことはその後もずっと心に残っていた。

勿論、指導教官でもあった宝月圭吾教授には農村史料調査会などを通じて現地に残る史料の調査発掘についても学び、先輩の佐々木潤之介氏（一橋大学教授）には史料から何を構築していくのかを教えられ、尾藤正英、高木昭作、大口勇次郎氏をはじめさまざまな角度からご教示をいただいた方々は数多い。ここに合わせて深甚の謝意を表する次第である。

ネット時代がようやくスタート地点にたった二〇〇四年、情報通信技術が試行錯誤するなかで時代の先行きを考えながら上梓したのが『江戸の情報力』（講談社、選書メチエ）であったが、その後十数年を経て新たな「情報流通革命」のなかで状況は大きく変化している。モバイルを中心に個人が自己を主張しはじめ、友を作り、グループを作る。さまざまな感情や情報が国境を越えて瞬時に飛び交う時代となった。そうした中でもう一度江戸時代の日本人の情報感覚を振り返り、これからの日本でどのように生かしていけば良いのか、多様な観点から再点検してみようというのが今回のスタートである。勿論、取り上げたテーマはほんの一部分にすぎず、いわばイントロダクションという形になったが、その意をお汲み取りいただければ幸いである。

今回、創英社編集部の加藤歩美さんには写真やレイアウトも含めさまざまな観点からご助言をいただいた。あわせて御礼申しあげるとともに写真を提供していただいた関係機関に謝意を表したい。

〈著者略歴〉

市村佑一（いちむら　ゆういち）

1964年東京大学大学院人文科学研究科修士課程修了後、NHKに入局。

教育・教養番組の制作、海外への映像情報発信などに携わる。

NHKエデュケーショナル代表取締役社長、（財）日本放送教育協会理事長。

2001年江戸川大学教授、社会学部長を経て学長（2008年～2016年）。

主な著作：『江戸の情報力』（講談社選書メチエ）、『鎖国～ゆるやかな情報革命～』（講談社現代新書）、「心学道話とコミュニケーション」（『日本近世史論叢』吉川弘文館）、「長州藩における家臣団形成過程」（『論集幕藩体制史』7　雄山閣）、『教育放送の国際展開とその成果』『教育放送75年の軌跡』（共著・日本放送教育協会）

江戸時代にみる「日本的コミュニケーション力」
―グローバル時代に生かす「日本的感性」―

2019年6月27日　　初版発行

著　　者　市村　佑一

発行・発売　創英社／三省堂書店
〒101-0051　東京都千代田区神田神保町1-1
Tel：03-3291-2295　Fax：03-3292-7687

印刷／製本　日本印刷株式会社

ISBN　978-4-86659-067-7　C0021